투자 N 님을 처음 뵌 것은 약 2년 반 전입니다. 특강을 하러 오셨는데 풍부한 실무 경험에서 우러나는 통찰력에 반해 제가 뵙기를 청했습니다. 신발이 닳을 정도로 현장을 누비 시기 때문에 이분의 말씀에는 힘과 논리가 있습니다. 시시각각 변화하는 부동산 시장을 정확하게 보시고 투자의 방향을 잡아주셔서 실패하지 않는 투자가 가능했습니다. 경매, 재개발, 재건축 등 다양한 관점에서 이 책은 초보 투자 분들에게 도움을 줄 수 있으며, 경제적 자유를 원하신다면 좋은 가이드가 될 것입니다.

-오승연, 《딱 한 번 읽고 바로 써먹는 지식산업센터 투자》 저자

가난한 집의 첫째 딸로 태어나서 저는 요즘 세상에 당연시되는 대학조차 입학하지 않았습니다. 그래도 운 좋게 은행에 입사하여 안정적인 20대의 일상을 보내왔습니다. 하지만 치솟는 집값을 바라보며 내 형편에 집을 사는 건 불가능한 일이라고 여겼습니다. 방법이 없다고 생각하며 현실과 타협하고 살아가던 나에게 찾아온 로또 같은 존재 투자 N, 그리고 내 명의의 집. 그렇게 저는 27세에 첫 집을 갖게 되었고 '집'이라는 존재와 사랑에 빠지게 되었습니다. 현

실에 발 묶여 꼼짝 못 하는 당신에게, 특히 MZ 세대에게 이렇게 말하고 싶습니다. "이 책을 만난 당신은 정말 운이 좋으시군요. 누구나 경매할 수 있어요! 망설이지 말고, 안된다고 생각 말고 실천하세요. 지금 당장!"

－루다(박채수), 27세 8년 차 은행원

추웠던 겨울에 투자 N 멘토를 만나고 3년이 지난 현재 내 삶은 봄으로 들어가는 초입에 서 있습니다. 신혼 첫 집으로 5천만 원의 전세자금 대출을 받고 걱정을 한 아름 안고 잤던 지난날의 저는 경매를 통해 다주택자가 된 미래의 저를 감히 상상이나 했을까요? 경매의 숨은 고수 투자 N 멘토를 우연히 만나기 전까지는 투자 강의 노마드인 것처럼 여기저기 기웃대며 살았습니다. 진짜 고수를 만났다고 생각하니 그 많던 걱정은 접어 두고 실전 투자를 하기 시작했습니다. 평범한 주부에서 다주택자, 경매 투자인의 길로 나아갈 수 있었던 것은 3년 동안 체득하려고 노력했던 투자 N 멘토의 경매 실전 노하우 덕분입니다. 투자 N 멘토의 16년 동안의 경매 노하우가 이 책에는 고스란히 담겨 있습니다. 부자의 꿈을 당신도 품고 있다면 반드시 이 책을 읽고 경매를 해보세요. 생각이 현실이 되어 그 삶을 누리게 될 것입니다.

－주행(장수아), 경매로 다주택 임대인이 된 주부

쳇바퀴같이 돌아가는 월, 화, 수, 목, 금 출·퇴근을 반복하던 삶은 이 책의 저자를 만나고 달라졌습니다. 저자의 가르침 덕분에 2020년 상승장 막바지에 서울 아파트를 경매로 취득했고, 이른 나이에 다주택자가 되어 사직서 낼 날을 기다리고 있습니다. 재야의 고수인 저자의 노하우가 아낌없이 들어간 이 책을 월급의 늪에 갇혀 일주일을 매일 우울하게 보내고 있는 직장인들에게 강력히 추천합니다. 당신도 경매공부를 통해 가슴 뛰는 삶을 살 수 있답니다.

- 지혜구단, 30대 10년 차 공무원

저는 온라인상에서 0원으로 돈을 벌 수 있는 방법은 정말 많이 알고 있습니다. 그러나 제가 그동안 알지 못했던 것은 '돈이 돈을 불려주는 방법'이었습니다. 물론 사업을 통해서도 돈을 불리는 방법들이 있겠지만, 제가 알고 싶었던 것은 일하는 와중에도 계속 물건의 가격이 알아서 상승하게 되는 방법이었습니다. 운이 좋게도 이런 고민을 하고 있던 시기에 투자 N 대표님을 알게 되었고, 경매에 대한 부정적인 인식을 '집에 맞는 가치를 찾아주는 일'로 바꿀 수 있었습니다. 가치가 오를만한 집을 찾고, 그 집이 가질 수 있는 최고의 가치를 갖도록 집을 바꿔주며, 그 집을 찾을만한 사람을 끌어오고, 월마다 또는 2년에 한 번 돈을 계속 받으며, 받는 돈이 계속 오르는 삶. 그러면서도 고객에게 '감사합니다'라는 말을 끊임없이 듣는 삶을 원한다면 이 책을 꼭 읽어보길 바랍니다.

-김민정, 《마케팅 첫 키스》 저자

장동건, 원더걸스 등 20년 넘게 수많은 연예인들을 스타일링하면서 연예계에서 부를 가까이 접한 사람들을 많이 봐왔지만 정작 저는 부자가 아니었습니다. '부자가 되는 방법은 없을까?' 하는 궁금증으로 시작된 경제 공부는 만만치 않았습니다. 낯설고 복잡해 보이는 그들만의 언어들은 마치 다른 세계에 와 있는 듯했지요. 많은 부동산 책 중에서 발견한 투자 N 님의 책은 부동산도 스타일링을 할 수 있다는 새로운 아이디어와 한 번도 경험해 보지 못한 경매에 관한 이야기를 옆집 언니처럼 친절하고 쉽게 가르쳐 주는 책이었습니다. 남에게 알려 주지 않고 나만 알고 싶지만 어렵게 내 집 마련을 원하는 이들을 위해서 투자 N 님을 소개 안 할 수가 없습니다. 내 집 마련을 위해 청약 통장 만들기 전 이 책부터 읽어보시길 바랍니다.

-호재(김효성), 스타일리스트

나에게 있어서 투자 N 선생님을 만난 건 천운이었습니다. 자영업자로서 불안했던 코로나 시기에 한발 앞서 경매 농사를 지어놓은 4채의 부동산이 휘청거리던 일상 속 든든한 방파제 역할을 해주었기 때문입니다. 생업을 하면서도 투자 흐름의 변화를 읽으려 노력했는데, 모든 그 안에는 투자 N 선생님의 도움과 조언이 녹아있었습니다. 과거와 미래를 함께 보고 현재를 살피는 투자 N 선생님의 책이라면, 어떤 상황에서든 지속적인 투자를 하고 싶은 이들에게 큰 힘이 되어 줄 것입니다.

-김상미, 생활의 달인 〈장군보쌈〉 대표

나는 당신이
경매공부를
시작했으면 좋겠습니다

나는 당신이
경매공부를
시작했으면 좋겠습니다

1판 1쇄 펴낸 날 2022년 6월 16일
1판 3쇄 펴낸 날 2023년 1월 20일

지은이 투자 N
펴낸이 나성원
펴낸 곳 나비의활주로

책임 편집 유지은
디자인 BIG WAVE

주소 서울시 성북구 아리랑로19길 86
전화 070-7643-7272
팩스 02-6499-0595
전자우편 butterflyrun@naver.com
출판 등록 제2010-000138호
상표 등록 제40-1362154호
ISBN 979-11-90865-68-5 03320

나는 당신이
경매공부를
시작했으면 좋겠습니다

투자 N 지음

나비의 활주로

경매로 '유레카' 한 번 외쳐보자고요

저는 가난하게 태어났고 '가난'이라는 단어의 의미를 아는 나이가 되었을 때도 형편은 좋지 않았습니다. 부모님께서는 열심히 저축하신 후 서울 변두리에 집 한 채를 지으셨지요. 세상 물정 모르던 당시, 새집으로 이사하는 날 우리 집이 부자가 된 줄 알았습니다. 그런데 새집에서 3년을 채 못 살고 다시 더 가난해졌습니다. 부모님은 성실함, 선함, 간절함을 모두 갖추셨고 열심히 사셨지만 가난을 이겨내지는 못했습니다.

하지만 저는 지금, 흙수저 출신 중 부자라 말할 수 있게 되었습니다. 저의 직업은 '경매 기술자'입니다. 경매로 부동산을 사고, 부동산으로 수익을 내면서 살아갑니다. 16년이란 세월을 그렇게 살아왔고 그 노력의 대가로 드디어 만족할 만한 자산을 형성하게 되었습니다.

좋아하는 경매라는 일을 시작하면서부터 하루도 게을리 살지 않았습니다. 열심히 경매를 하다 보니 경매의 노하우를 독창적으로 갖춘 개성 있는 경매 기술자가 되었습니다. 경매는 아무나 할 수 있을 정도로 접근하기 쉬운 기술이지만 아무도 저처럼은 하지 않습니다.

처음 만난 자리에서 제가 경매를 업으로 한다고 말하면 대개 두 가지 반응을 볼 수 있습니다. 하나는 '그 어려운 경매를 어떻게 하는지 대단하다'는 것과 다른 하나는 '경매가 위험하거나 무섭지 않느냐'는 것이었습니다. 16년 동안 경매라는 한 우물만 팠던 저에게 경매는 그렇게 대단하지도 무섭지도 위험하지도 않은 것이 당연합니다. 그래서 많은 이들이 경매가 어렵고 위험하거나 무섭게 느낀다는 사실을 알게 된 후 경매를 저처럼 쉽게 할 수 있는 법을 알려주고 싶었습니다. 부동산 재테크를 통해 부자가 되고 싶지만 방법을 잘 모르겠고 부동산 투자 위험에 관한 걱정이 앞서는 분들에게, 경매는 우리 삶에 장착하면 크게 유익한 기술이라고 자신 있게 말할 수 있습니다.

생각의 한 끗만 달리해서 본다면 부자가 되기 위해 이만큼 좋은 기술은 그 어디에도 없다는 것을 알게 되실 겁니다. 경매는 남의 것을 빼앗는 게 아니라 나라에서 정한 법의 절차로 이루어지는 정당한 거래이며, 제가 알고 있는 어떠한 방법보다도 자산 증식이 잘 이뤄지고, 방법적으로 안전하기 때문입니다. 제가 경매를 만나 삶이 바뀐 것처럼, 당신 삶의 전환점이 되어 줄 수 있습니다.

경매를 통해서 소중한 인연을 많이 만났습니다. 바로 경매를 알고 싶어 하고, 배우고 싶어 하는 분들입니다. 그분들의 관심도가 고마워서 경매의 장점을 알리고 함께 법원에 동행하기도 했습니다. 하지만 경매라는 것이 어떤 재테크보다도 수익이 크다는 것을 난생처음으로 몸소 느꼈을 때는 '유레카'를 외치며 그 특별한 비법을 꼭꼭 숨겨 혼자만 알고 싶었습니다. 이렇게 좋은 자산 증식의 방법이 있다는 것을 많은 이들이 알게 되는 것이 싫었고, 경쟁자가 많이 생길 수 있다는 생각에 강의나 코칭을 통해 소수의 사람들에게만 경매를 알려주었습니다. 그러나 저 자신이 과거 처절한 가난에서 자산 가치 1600배 상승이라는 성장을 이루었고, 성장하기까지 '혼자 갈 수 없다'는 결론을 얻었기에 마음을 달리했습니다. 단거리는 빨리 달릴 수 있지만 지치지 않고 장거리를 가기 위해서는 내 것을 나누어 주며 함께 모여 같이 가는 삶을 지향하고자 합니다.

과거 큰 실패와 지독한 가난을 겪은 후 다시 일어서서 앞만 보고 달렸습니다. 거친 숨을 몰아쉬며 달릴 때는 미처 알지 못했던 것들을 요즘은 천천히 걸어가면서 알게 됩니다. 주위를 둘러볼 여유도 생겼습니다. 사람들에게 상처받는 일도 많았지만 내가 먼저 나누면서 모이는 세상을 만들어 가면 그 행복이 복리로 늘어난다는 것을 믿게 되었고, 16년이란 시간 동안 체득한 경매 노하우와 제 경매 발자취를 이 책에 담았습니다.

물론 경매공부는 많이 복잡합니다. 학문적으로 접근하면 법무사 시험보다 더 어려울 수 있습니다. 그래서 엄두를 못 내는 분들이 많습니다. 권리분석, 근저당, 가압류 같은 각종 어려운 용어와 마치 남에게 몹쓸 짓을 해서 집을 빼앗는 것 같은 느낌도 드는 명도, 그 다음 내 소유가 된 부동산을 처리할 방법 등 정말 알아야 할 것이 많습니다. 머리가 지끈지끈할 수 있겠지만, 복잡한 이론에 압도될 필요가 없습니다. 경매는 누구나 할 수 있으니까요.

"경매공부는 너무 어려워요." "경매공부는 종잣돈을 먼저 모으고 시작할래요." 이런 이유로 경매공부를 미루는 이들에게 각각의 예를 들어서 당장 하도록 독려합니다. 우리가 돈을 벌 수 있는 입찰 물건은 특수 물건을 빼고도 무수히 많습니다. 특수 물건의 경매를 통해 누군가와의 전투에서 승리한다는 성취감을 느끼고 싶은 것이 아니라면, 비교적 수월한 일반 물건으로도 얼마든지 고수익을 낼 수 있습니다.

'우선 돈부터 모으고 경매를 배우겠다'는 말은 운전면허증을 딸 때 '차 사는 돈부터 먼저 모으고 따겠다'는 것과 같은 의미입니다. 돈을 모으는 동안 운전면허증을 미리 준비하고 운전이 자연스럽게 능숙해진 후 그동안 돈이 모이면 내 신차를 뽑으러 가는 건 어떨까요? 경매를 공부하고 현장을 방문하면서 경험과 지식을 쌓을수록 하루빨리 하고 싶은 마음이 들 것이고, 그래야 돈을 모을 수 있는 동기부여가 됩니다.

이 책의 경매 노하우를 읽고 잘 실천하신다면 자산증식은 필연적으로 이루어질 것입니다. 4차 산업이 도래하는 이 현실에서 많은 영역의 노하우, 기술 등은 어디에서나 공개되어 있고 누구나 알 수 있습니다. 그러나 그 수많은 정보의 진위를 판별하기도 쉽지 않을뿐더러, 알고 있는 것을 행동으로 실천하는 이들은 극소수에 달합니다.

그러므로 이 책을 계기로 공부와 실천을 통해 결과물을 만들어내는 것은 당신의 몫입니다. 제가 실행한 경매 기술을 충실히 실천하게 된다면 저처럼 '유레카'를 경험하게 될 것입니다. 이 책으로 인하여 인생을 역전한 경매 기술자들이 많이 탄생하기를 간절히 바랍니다. 마음의 준비가 되어 있다면 그 누구라도, 저의 경매 기술을 익혀서 부자가 되셨으면 좋겠습니다. 저는 무엇을 어떻게 해야 하는지 몰라서 엄청난 대가를 치르며 시행착오를 겪었기에, 이 책을 읽는 분이라면 '평탄한 경매의 길'을 걷길 기원합니다.

이 책에서 발생하는 모든 수익은 유기 동물을 위해 쓰입니다. 모쪼록 많은 분들이 이 책을 통해 경매로 부자가 되시고, 유기 동물 구조에 도움을 주시길 희망합니다.

투자 N

CONTENTS

004　　**프롤로그** 경매로 '유레카' 한 번 외쳐보자고요

PART 1 ─────────────────────────── 부동산 매입 편
경매로 부동산을 싸게 삽니다

CHAPTER 1 경매가 처음이라면 이것만큼은 꼭 기억할 것

015　왜 경매가 흙수저에게 황금의 기회일까요

020　'왜'라는 의문을 많이 가질수록 낙찰도 가까워집니다

024　손품의 시대에 발품이 가지는 의미

028　머리 아픈 경매 용어 가장 효율적으로 공부하는 법

CHAPTER 2 26채 자산가의 한 끗 다른 경매 노하우

037　일단 부동산 도매시장 격인 경매법정과 친해지세요

040　경매의 시작은 다름 아닌 법원 임장부터입니다

046　부동산 뉴스 홍수 속 알짜 정보 찾는 법

055　미래가치를 예측하는 것이 부자의 지름길입니다

CHAPTER 3 경매의 중요 절차, 임장부터 입찰까지

061　나에게 맞는 입찰물건은 따로 있습니다

065　99% 손품 임장, 기회의 물건은 온라인상에 모두 있지요

069　내 것이 될 물건은 1% 발품 임장이 필수입니다

073　아까운 내 시간 내 돈 절약하는 명도 계획과 수익 계산

CHAPTER 4 부동산 이슈를 활용하여 경매로 수익 올리기

077 갭이 적어도 의미 있는 물건은 이런 것
081 갭이 없지만 미래가치는 무한대 물건
087 경매 한 번으로 1억 원의 수익 내기
092 지금 당장 눈여겨봐야 할 GTX-A 관련 투자
096 늘 염두에 두어야 할 GTX-C 관련 투자
099 미래 가치를 내다보아 새 아파트를 분양받다
104 재개발 이슈로 투자 수익을 내다
106 리모델링 이슈를 활용해 현명한 투자로 만들기
110 정부 정책과 무관한 경매의 열기

CHAPTER 5 어렵다는 명도, 쉽게 진행하는 법

115 한눈에 살펴보는 명도 절차
118 점유자랑 연락이 안 되는 경우의 대처법
121 쓰레기더미도 함께 낙찰받은 명도 사건
125 최후의 보루 강제집행, 아주 어렵지 않습니다
129 호재 및 개발 이슈로 앞으로 술술 풀릴 집
133 빌라 경매가 가치를 발하는 이유

26채의 임대인으로 살아갑니다

CHAPTER 1 집의 가치를 높이는 인테리어 팁

139 턴키, 반 셀프, 셀프 인테리어 장·단점 파헤치기

143 임차인을 반하게 하는 인테리어의 기본, 콘셉트 시안 만들기

145 효율 업 반 셀프 공사, 순서와 기간은 이렇다

147 인테리어 고수가 밝히는 반 셀프 업체 찾는 법

150 비용은 아끼고 효과는 만점 반 셀프 인테리어 팁

163 콘셉트에 맞춘 반 셀프 인테리어는 이런 것

194 필요한 부분만 야무지게 손보는 인테리어 비법

CHAPTER 2 빠르고 지혜롭게 임차인을 만나는 법

209 부동산 중개업소를 내 편으로 만드는 법

212 빠르게 세입자를 만나는 효과적인 홍보법

216 반려동물 키우는 세입자라면 이것만은 요청하세요

218 당신이 현명한 임대인이 되고자 한다면 이렇게

CHAPTER 3 지금 당장 마인드부터 임대인으로 무장하기

223 경매공부의 잘못된 습관, 강의 노마드

226 진짜 부자는 부자의 마인드를 가지고 있지요

229 돈 새는 구멍부터 철저히 막아야 부자가 됩니다

231 나를 26채 집주인으로 만든 건 인생 책 덕분입니다

234 지금은 임차인이라도 마음껏 미래 임대인을 꿈꾸세요

238 **에필로그** 고난 만렙 흙수저 인생 선배의 찐 조언

242 **SPECIAL PAGE** 요즘 핫 한 '서울특별시 용산구' 임장

부동산 매입 편

경매로 부동산을
싸게 삽니다

CHAPTER 1

경매가 처음이라면
이것만큼은 꼭 기억할 것

왜 경매가 흙수저에게
황금의 기회일까요

성공은 중요한 생일이 다가왔는데 당신은 전과 똑같다는 사실을 발견하는 것이다.
-오드리 헵번

불과 20여 년 전, 라면 하나 먹으려고 해도 돈 때문에 고민했다 하면 믿으시겠어요? '6.25 전쟁 직후도 아닌데? 설마' 싶으시진 않나요? 그런데요, 가난이 야금야금 주머니를 파먹기 시작하면 어느 순간 그렇게 되는 걸 경험합니다.

풍요롭지는 않아도 부모님 그늘에 있던 시절에는 가난해도 밥은 먹을 수 있었습니다. 그러나 성인인데 일자리도 없고 무엇보다 일할 의욕도 없는 우울이라는 병증에 지배당하게 되면 가난이 어깨에 올라탑니다.

'열심히 무엇인가를 시작한다. 어떤 사건이 터진다. 좌절한다.'

이것은 저의 청년 시절 반복된 인생 루틴입니다. 자꾸 일어나 보려는 청춘을 더욱더 짓밟는 현실은 살아갈 이유를 자주 잊어버리게 하였고, 심지어 죽음을 준비해 보기도 했습니다. 저의 청춘이 얼마나 처절했던지 다시 그 시절로 돌아갈 수 있다고 해도 가고 싶지 않을 정도입니다. 그런 시기에 마지막으로 부여잡아 본 동아줄이 바로 '경매공부'였습니다.

제가 '16년 동안 경매를 해온 사람'이라는 걸 알게 되면 상대방 입에서 바로 나오는 첫 마디는 "저도 경매 관심 있어요."입니다. 십중팔구는 같은 반응이고, 반응에 대한 대답도 항상 같습니다. 그럼 저는 "그래요? 경매 당장 하세요. 참, 좋은 거예요!"라고 바로 답하지요. 상대방의 그다음 반응을 예상하기에 일부러 그렇게 말합니다.

역시나 "그렇게 좋아도 저는 못 하죠!"입니다. 네, 맞아요. 경매는 아무나 못합니다. 인내와 끈기, 명석함이 있어야 하고 따뜻한 마음도 필요합니다. 거기에 간절함이 플러스로 더해져야 시너지를 발휘합니다. 인테리어를 해야 하니 미적인 감각도 중요하고, 하자보수도 해야 하니 건축에 관해서도 알아야 합니다.

여기서 끝이 아닙니다. 부동산을 계약하려면 부동산 관련 법, 민법도 알아야 하고, 입지 분석을 위한 지리적인 데이터도 가지고 있어야 합니다. 그리고 여기저기서 일어날 변수에서 오는 스트레스를 다스리는 정신력과 강인한 체력도 있어야지요. 단순하게 하는 경매가 아니라는 전제하에 멀티플레이어가 되어야 합니다. 그러나 이 모든 과정을 진행하고 있는 선배로서 조금이나마 도움을 드리고 싶습니다.

경매를 전업으로 하기 전 여러 직업을 거쳤습니다. 한때는 폼 나게 살아보고 싶어 의상디자이너를 업으로 삼기도 했습니다. 호수 위에 백조가 우아하지만은 않은 것처럼, 생각과는 다른 길임을 깨닫고 미련 없이 경매인으로 전업할 수 있었습니다. 모든 직업은 현장에서 처절하리만큼 어려움을 안고 일합니다. 물론 경매도 다른 직업만큼 만만치 않은 일이지만 말입니다.

16년 전 경매를 처음 접했을 때 필요에 의해서 경매공부를 시작했습니다. 갑자기 닥친 아버지의 파산은 현장에서 바로 체득할 수 있는 훌륭한 경험이었습니다. 부모님은 경매라는 제도를 전혀 모르는 무지한 상태셨고, 주변인들이나 같은 다가구 건물에 사는 세입자들에게 피해가 갈까 봐 적극적으로 막아야 하는 악의 제도라는 인식이 있었습니다. 그래서 반값 세일과 다름없는 말도 안 되는 값에 집을 팔아버리고 말았습니다.

채무로 인해 어쩔 수 없이 자산을 처분해야 할 때, 경매가 한 방법이 될 수 있다는 걸 알았다면 그런 행동을 하지 않으셨을 텐데 말입니다. 결과적으로 금전적인 손실을 크게 입게 된 것이지요.

파산 당시 가지고 있던 재산은 세입자가 여럿 있는 다가구 주택 한 채였습니다. 그 집이 제값도 못 받고 처분된 후 빈털터리로 쫓겨났지요. 이런 사실이 쉽사리 믿어지지 않았고, 당시 저는 어느 드라마 속에서 연기를 하고 있는 배우와 같은 상황이었습니다. 분명 조연배우인 줄 알았는데 고스란히 괴로움은 저의 몫이었고 고통의 주연배우가 되기까지 오랜 시간이 걸리지 않았습니다. 해피 엔딩이 보장되지 않는 드라마와 같았지요. 이 드라마의 주인공이 된 20대의 저는 딱 두 가지 선택지에서 고민했습니다.

하나, '사업이란 하루아침에 모든 것을 잃을 수 있구나, 부동산이란 언제나 휴지가 될 수밖에 없는 하찮은 자산이구나! 사업은 시작조차 안 할

것이고 집을 소유하는 일도 절대 없을 것이다.'

둘, '부모님이 어떻게 일군 자산인데 저렇게 하루아침에 날아갔을까? 그 원인은 무엇이었으며 우리 집에 날아오던 각종 법원 서류는 무엇이기에 그렇게 집을 헐값에 팔 수밖에 없었을까? 최선은 아니더라도 차선을 강구할 수는 없었던 것일까? 그 당시 법원에서 오던 경매 관련 우편물들은 무엇이고, 그토록 부모님이 무서워하던 경매가 도대체 무엇인가? 경매를 공부해 보자!'

저는 이 선택지 중에서 두 번째 방법을 택했습니다. 부모님의 채무 상환 방식이나, 파산 대처 방식이 마음에 들지 않았고 '더 나은 방법을 찾기 위해 공부해 봐야겠다'라고 생각했습니다. 당시 한남동에 있는 단국대학교 부동산학과에서 운영하는 경매 자격증 학습 과정 소식을 듣고 감당조차 안되는 거금을 들여 수업을 들었습니다. 유일하게 돈 한 푼 없이 수업부터 들어보겠다고 온 건 철없는 20대 여자인 저 한 명뿐이었습니다. 교수진은 법무사, 부동산학과 교수 님들이어서 거의 이론에 치중한 방식이었습니다. 수업에서는 형식적인 이론만 되풀이되었지만, 놀랍게도 수업이 끝난 후 뒤풀이를 위해 모인 선배들의 대화 속에는 부자가 되는 노하우가 자연스레 녹아 있었습니다.

만약 그 당시 경매에 대해 알아가고 싶다고 결정을 안 했다면 전형적인 흙수저이며 카드까지 돌려 막던 제 인생이 이토록 반전이 있을 수 있었을까요? 위험스럽고 무모해 보였지만 최선이라고 믿었던 선택이 최고의 결과물이 되어 돌아온 것입니다.

경매는 마치 마력이 훨씬 센 엔진을 달고 달리는 슈퍼카에 탄 듯합니다. 마력이 큰 만큼 속도가 빠르고 사고의 위험도 클 수 있습니다. 그러나 위험이 무섭고 싫어서 안전한 속도로만 유지하면서 주행하는 걸 선택한다면 더는 경매공부에 대해 드릴 설명이 없습니다. 만약 지금의 속도로는 평생 목적지까지 도달이 어렵다고 느꼈거나 안전한 운전 실력을 더 연구해서 속도를 높여 인생을 운행하고 싶은 분이 있다면 경매를 권합니다. 딱, 법의 범위 안에서 법대로만 운전하면 위험하지 않기 때문입니다. 지금부터 경매가 가성비 좋은 엔진이 탑재된 명품 차와 같다는 것을 알려드리겠습니다. 자, 경매 엔진에 스타트 버튼을 누르실 준비가 되셨나요?

'왜'라는 의문을 많이 가질수록
낙찰도 가까워집니다

성공은 영원하지 않고, 실패는 치명적이지 않다.
-마이크 디트카

아가들이 말을 막 배우면 한 시간 동안 놀아주기가 어렵습니다. 처음에는 체력이 안 따라 주는 것 같지만 나중에는 정신이 혼미해지면서 아이에게 두 손 두 발 다 드는 경험을 해 보셨을 겁니다. 게다가 아이들은 어느 시기에 연신 대화에서 왜why를 연발하기에 상대방 어른을 당황하게 합니다.

바로 경매를 배울 때도 아이들처럼 '왜 그럴까?'를 늘 생각해야 합니다. '이 물건은 왜 경매에 나온 걸까?' '이 채무자는 왜 빚을 졌을까?' '이 물건의 감정가는 왜 이 가격일까?' 하고 말입니다.

일차원적으로 '전문가가 감정한 가격이니까 맞겠지!' 하면서 입찰 계획을 세운다면 하수입니다. 각 물건의 채무자는 사업에 실패해서, 단순히 빚을 못 갚아서 이 부동산을 경매에 넘기는 걸까요? 경매 물건에 있는 각각의 등기부등본의 기재 내용이 다 다른 것처럼, 각각 부동산의 사연이다 다릅니다. 이렇게 경매 물건을 정확히 파악하지 않고 입찰에 임한다는 건 굉장히 무모할 수도 있습니다.

예를 들어 어떤 물건이 있습니다. 물건의 사연이 낙찰과 수익에 미치는 영향부터 고민해야 합니다. '낙찰받는다. 금액(숫자)을 잘 쓴다.' 이렇게 단순히 말하면 수학적으로 접근하는 AI나 통계조사를 잘하는 직업군에게 유리한 것이 경매입니다. 그러나 겉핥기 말고 내면까지 들여다보는 연습을 하다 보면 상상 이상의 수익을 낼 수 있는 매력을 가진 게 또 경매이지요. 그래서 남들이 사는 이야기에 영 관심이 없더라도, 경매에 나온 물건 중 내가 입찰해야 하는 물건의 사연만이라도 관심을 갖는 습관을 지녀야 합니다.

'저 아이(부동산 물건)는 어쩌다 경매라는 종점까지 오는 길을 선택한 것일까?' 이렇게 부동산과 전지적 친구 시점으로 '왜'라는 의문점을 갖다 보면 이 아이가 큰 선물을 줍니다. 너무 추상적인 얘기로만 밑그림을 그리는 느낌이라서 선명하게 그려지지 않겠지만, 하나하나 세세하게 풀어드리는 저의 경매 방법을 따라서 실천하다 보면 경매노하우도 점점 체화되실 겁니다.

경매 방법은 경매접수가 되고, 입찰 일정이 결정되어 검색해서 볼 수 있는 상태가 되기까지 대략 215일에서 심지어는 365일을 훌쩍 넘기는 기간이 소요됩니다. 준비시간이 오래 걸리기 때문에 물건에 대한 시작점은 다 똑같습니다.

경매 절차를 간단히 설명하자면 다음과 같습니다. 물건의 주인자격이

경매 신청 및 경매 개시 결정

1. 경매 비용 예납
2. 경매 개시 결정 촉탁 등기
3. 압류 효력의 발생
4. 경매 개시 결정의 송달

배당 요구의 종기 결정 및 공고

1. 이해관계인의 채권 신고, 배당 요구
2. 공과 관청에 대한 교부 청구 최고

매각의 준비

1. 집행관의 현행 조사
2. 감정평가사의 감정평가

매각 기일과 매각 결정 기일의 지정, 통지 및 공고

1. 이해관계인에 대한 통지
2. 일간 신문 공고 (매각 14일 전)
3. 법원 기록 열람 (매각 7일 전)

매각/입찰의 실시

1. 경매 일정 변동 확인
2. 입찰 개시 및 입찰표 제출
3. 입찰 마감 및 개발 [유찰 시 새 매각(신경매)]

매각 허부 결정 및 항고

1. 매각 허부 결정 선고
2. 즉시 항고 및 재항고
3. 대금 납부 기한일 지정
   (불허가 시 새 매각)

매각 대금의 납부 및 소유권 이전 등기 등의 촉탁

1. 소유권 이전(소유권 취득)
2. 소유권 이전 등기(대금 미납 시 재 매각)

부동산 인도 및 명도 소송

1. 인도 명령 신청
2. 명도 소송
3. 인도 집행

배당

1. 배당표 작성
2. 배당 실시
3. 경매 종료

부동산 경매 절차의 기본적인 흐름

있는 사람이 돈을 빌립니다(임대차계약도 포함). 채무자는 그 돈을 약속대로 성실히 갚아 나갈 것을 약속합니다. 그러나 채무자는 그 약속을 지키지 않고 그 약속의 책임을 해당 부동산이 책임지며 경매시장에 자신을 판 가격으로 채무를 감당하기 위해 나온 겁니다(전지적 부동산 시점).

부동산을 생명이 있는 생물처럼 여기는 저의 시점 때문에 윗글처럼 경매가 진행되는 과정을 설명할 수 있습니다. 제 입장에서 보면 부동산은 책임감도 강하고 본인의 임무를 잘 수행합니다. 낙찰이 이루어진 후 "그동안 고생 많았다. 이제부터 '나'라는 주인을 만나서 웃게 해줄게!"라고 대화를 나누다 보면 어느새 이 친구는 주인에게 큰 선물을 줍니다. 허름하기 그지없는 이 친구를 씻겨주고 치장해 주며 값어치를 알아봐 주고 했더니 보석이 되어 값을 톡톡히 받아내 주지요.

저는 경매라는 업을 통해 얻은 부동산과 친구가 되었고, 이 친구를 잘 알기 위해 노력했습니다. 애인에게 쏟는 관심만큼 부동산에 '왜'라는 의문을 쏟아내 보세요. 확실히 보답하는 친구가 경매부동산이니까요.

손품의 시대에
발품이 가지는 의미

> 승리는 가장 끈기 있는 사람에게 돌아간다.
> -나폴레옹 보나파르트

아래의 사건은 입찰 전에 경매를 진행한 사유와 물건 부동산의 현재 상태

를 모두 파악한 후 긴 시간이 소요되기 전에 모두 낙찰될 것을 확신하고

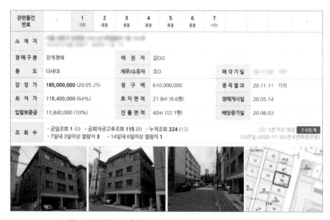

모두 7건의 물건번호를 가지고 함께 진행되었던 경매 사례

입찰에 임했습니다. 역시나 빌라에 대한 안 좋은 선입견을 이겨내고 낙찰은 순조롭게 전부 진행되었습니다. 전세 시세보다 낙찰가가 낮았던 수익성이 좋았던 투자 사례입니다.

이 물건은 모두 7건의 물건번호를 가지고 함께 진행되었습니다. 일반적으로는 대부분의 물건이 한 건만 진행됩니다. 이렇게 여러 건의 물건이 동시에 진행되는 물건은 사건 진행이나 종결 상황을 예측해서 입찰에 임해야 합니다. 만약 6건은 모두 낙찰이 이루어졌는데 마지막 한 건이 유찰 진행이 계속된다면, 이 물건은 최종적으로 종결이 되기까지 긴 시간이 걸립니다. 모든 사건이 종결된 후에 배당이 진행되기 때문에 다른 물건번호의 낙찰자들은 잔금을 완납하고도 계속 기다려야 하는 불상사가 생길 수 있습니다(종결 후 배당이 진행된 후에야 내 물건에 대한 다른 권리 행동이 가능).

워낙 현재 시세보다 저렴하게 구매하였기에 전세를 놓으면 도리어 돈을 더 보태어 돌려받을 수 있는 결과로 이어집니다. 이런 투자를 '플러스피 투자'라고 합니다. 이 빌라는 선축주가 빌라의 최고층에 살고 있었고, 모든 빌라 세대의 임대인이었습니다. 노후에 이혼으로 인한 재산분할 진행상황에서 경매를 진행한 것이고 빌라의 하자는 전혀 없는 상태였습니다. 그곳에 거주하던 임차인들도 모두 배당을 잘 받아서 이사하는 상황으로 순조롭게 처리할 수 있었던 명도 물건입니다.

해당 빌라 각 호실을 아는 지인들이 모두 한 채씩 낙찰받고 싶었지만 소소한 차이로 차순위(2등)를 했고, 2층에 로열 호실(거실 뷰가 탁 트인)만 낙찰받게 됩니다. 당연히 플러스 수익을 냈고, 다음 입찰을 위한 종잣돈에

넉넉하게 보탤 수 있었습니다.

그런데 한 가지 여기에서 조심할 부분이 있습니다. 도면에서 확인했을 때는 2호 라인이 로열 호실이었습니다. 그러나 현장에서는 2호 라인을 확인한 결과 옆집과 딱 붙어 지어진 거실 기준 벽 뷰였습니다.

현장을 보지 않은 입찰자들은 당연히 2호에 집중하였고, 그래서 1호를 여유 있게 단독 낙찰로 가져올 수 있었습니다. 이렇듯 현장 임장(발품 임

인테리어 진행 전, 후 모습

장)의 중요성은 이런 결과물에서 빛을 발휘합니다. 로열 호실과 로열층을 잘 선택한 후 적절한 인테리어를 진행한 덕분에 그 빌라 전체에서 최고 전세가를 받고 계약하게 됩니다.

혹자는 '임대를 준 것도 은행 빚과 같은 빚인데 전세가를 많이 받으면 빚이 쌓이는 게 되는 것 아닌가?' 하고 생각합니다. 하지만 임대료를 빚이라 생각하는 그 시점부터 레버리지를 활용한 투자의 세계에서 점점 멀어지는 겁니다. 부동산의 가격 책정은 임대료와 나머지 금액(갭)의 합이라 할 수 있습니다(입지 면에서 임대료보다 낮은 매매가가 아니라는 가정에서 얘기합니다. 일명 깡통전세) 결국 낙찰받은 물건은 전세가를 최고로 받았으니 그 빌라 전체에서 가장 높은 매매가로 팔 수 있는 기틀을 마련한 겁니다. 7번에서 유찰된 물건은 빠른 종결을 위해 채권자가 기각을 신청했고, 장시간 진행되지 않고 빠른 진행으로 훌륭한 수익률을 만들어 낸 좋은 사례를 보여주는 경매 물건이었습니다.

머리 아픈 경매 용어
가장 효율적으로 공부하는 법

절망은 마약이다. 절망은 생각을 무관심으로 잠재울 뿐이다.
-찰리 채플린

수익은 경매지식의 수준과 비례하지 않습니다. 법조문에 해박하지 않아도 경매를 할 수 있지요. 법조문을 달달 외워서 배당까지 정답을 맞히는 고수와 손실을 보지 않는 적당한 지식만을 습득하고 큰 수익을 낼 수 있는 사람이 있습니다. 그렇다면 당신은 어떤 방법을 선택하실 건가요?

저는 책을 많이 읽습니다. 누가 보면 책을 사기만 하는 줄 알 정도로 매일 읽는 책이 바뀝니다. 그만큼 서점에는 매일 책이 쏟아져 나오기 때문에 놓치고 싶지 않아서 급하게 읽어 내려갑니다. 책 읽는 습관처럼 경매 공부도 내 것인 양 소화해 내서 영양분을 만들면 됩니다. 다시 말해 영양가 있는 것만 섭취하면 됩니다. 모두 다 삼킨 후 소화한다고 모든 것이 몸속 영양분은 될 수 없는 이치입니다.

경매 지식을 모두 공부하고 다 흡수할 필요는 없습니다. 누군가에게 아는 척하려고 배우는 공부는 지양하셔야 합니다. 경매로 수익을 최대한 끌어 낼 수 있는 그런 공부만 골라내서 해야 합니다. 자주 보이는 용어는 알고 넘어간다는 전제로 말입니다.

혹여 용어가 잘 암기되지 못했다면 네이버 지식인보다는 '대법원 경매 사이트'에 접속해서 용어를 찾아보세요. 국가기관인 대법원에서 친절하

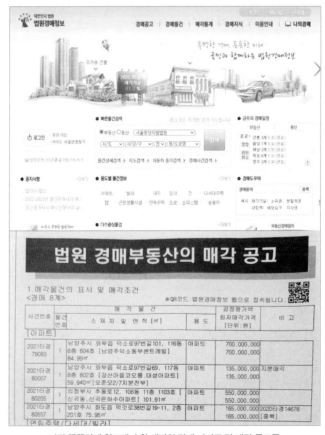

가장 꼼꼼하게 참고해야 할 대법원 경매 사이트 및 매각 공고문

게 용어를 정리해놓았고 필요한 각종 서류 서식도 찾아볼 수 있습니다.

경매를 처음 접할 때는 검색포털 사이트에 '대법원 경매'를 검색합니다. 대법원 경매 사이트에서 정리해둔 매각 물건을 보는 습관을 들여야, 교과서만 보고 공부한 수능 만점자가 되는 겁니다. 수능시험이 끝나면 만점자들 인터뷰에서 매번 교과서 위주로 공부했다는 말이 경매에 그대로 적용될 것이라고는 예전에는 상상도 하지 못했습니다. 그러나 이치는 불변입니다. 경매의 교과서는 대법원 경매 사이트입니다. 경매를 분석하는 방법이 맞는지 참고서의 도움이 필요하다면 유료 경매 사이트에 돈을 지불하고 볼 수 있습니다.

유료 경매 사이트는 종류가 매우 다양합니다. 오래전부터 경매를 해오던 사람들은 '지지옥션'을 선호합니다. 역사와 전통은 지지옥션이 일등입니다. 다만 단점은 그다지 친절하게 알려주지 않는다는 것입니다.

초보자들이 보기 편한 유료 사이트에는 네이버 경매에서 운영하는 옥션원(구 굿옥션), 탱크옥션 등등이 있습니다. 친절한 설명과 깔끔한 디자인으로 보기 편리합니다. 그리고 무료로 볼 수 있는 '경매마당' 사이트가 친절하게 설명도 잘하고 있다고 들었습니다.

이를 각각 비교해보시고 회원가입 후 사용하시면 됩니다. 무엇보다도 교과서(대법원 경매 사이트)로 공부하는 습관을 먼저 가지세요. 혹시 더 궁금한 내용이 있어 책을 참고하고 싶다면 《법원실무제요》를 보면 됩니다 (경매의 각종 판례와 배당까지 두루 정리해 놓은 경매계장님이 보는 책). 《법원실무제요》는 1. 집행총론 2. 부동산집행I 3. 부동산집행II 4. 동산 채권 등 집행

경매 교과서와 다름 없는 《법원실무제요》

5. 보전처분으로 구성되어 있습니다. 경매에 관해서는 궁금증을 설대 네이버 지식인에게 질문하면 안 됩니다.

경매는 평상시 쓰지 않는 용어를 사용하기 때문에 유식해 보이기도 하고 어려워 보이기도 합니다. 사실 주로 사용하는 단어는 많지 않기 때문에 자주 접하게 되고 몇 개의 단어만 알아도 낙찰은 가능합니다. 경매 학원에서 기초 공부를 위해 당신의 시간을 3개월 이상 잡아 놓는다면, 다음 페이지에서 제시하는 단어 정도는 외우고 경매공부를 시작해보는 건 어떨까요?

임의 경매	저당권, 전세권, 유치권 등의 담보물건이 가지고 있는 경매권에 의하여 실행되는 경매로, 이는 담보권자가 자기 의사로 담보물을 취하여 환가하고 그 대금으로부터 피담보채권의 변제를 받는 제도이다.
강제 경매	채무자 소유의 부동산을 압류, 환가하여 그 매각 대금을 가지고 채권자의 금전 채권의 만족을 얻기 위해 집행하는 절차이다.
재경매	입찰자가 결정된 후에 매수인이 대금 지급 의무를 이행하지 않은 부동산의 경우 담당 판사는 직권에 의해 입찰 일자를 재공고 후 재경매 명령을 하고 다시 입찰하는 제도이다.
대항력	주택임차인이 임차 주택을 인도받고 주민등록을 마치면 그다음 날부터 그 주택의 소유자가 다른 사람으로 변경되더라도 임차권을 가지고서 대항할 수 있는 힘이다.
우선 변제	대항 요건과 주택임대차 계약서상에 확정일자를 갖춘 임차인은 임차 주택이 경매될 경우 임차 주택의 환가 대금에서 후순위 담보권자나 기타 채권자에 우선하여 보증금을 변제받는다.
확정일자	법원 등기소 또는 공증인 사무실, 구청이나 동사무소에 주택임대차 계약서에 현재 날짜를 증명하기 위해 확정일자의 번호와 도장을 찍은 것을 의미한다.
압류	확정판결이나 기타 집행권원에 의해 강제집행을 하기 위한 보전 수단으로, 가압류처럼 소송 후 경매를 실행하는 것과 달리, 소송하지 않고 바로 경매에 들어갈 수 있다.
가압류	금전 채권이나 금전 채권으로 바꿀 수 있는 청구권을 위하여 소송을 제기하고 강제집행을 실행하고자 할 때 본 등기를 위하여 그 순위를 보존하게 하려고 미리 해두는 행위이다.

가처분	소유물 반환청구권, 임차물 인도청구권 등과 같이 특정물에 대한 각종 청구권을 가지는 채권자가 장차 집행보전을 위하여 현재의 상태대로 현상을 고정할 필요가 있을 때, 제3자에게 양도 등의 처분을 금지하고 그 보관에 필요한 조치를 해두는 처분을 말한다.
가등기	절차적으로 종국등기를 할 수 있을 요건을 구비하지 못한 경우나 권리의 설정, 이전, 변경, 소멸의 청구권을 보전하려고 할 때 본등기를 위하여 그 순위를 보존하게 하려고 미리 해두는 행위이다.
변경	경매 진행 절차의 중요한 새로운 사항이 추가되거나 권리가 변동하여 지정된 매각 기일에 경매를 진행할 수 없을 때 담당 재판부가 직권으로 경매 기일을 변경하는 것으로 경매 진행 기일이 변경되었음을 뜻한다.
연기	채무자, 소유자 또는 이해관계인에 의하여 경매 신청 채권자의 동의 하에 일자를 지정한다.
취하	경매 신청 채권자가 경매 신청 행위를 철회라는 것으로 취하되면 더는 경매가 진행하지 않고 종결된다. 이러한 철회는 경매 개시 결정에서부터 경락인이 대금을 납부할 때까지 가능하며, 최고가 매수신고인이 결정된 후에는 최고가 매수인의 동의가 필요하다.

• **임의 경매** 경매 진행을 강제로 한 건지 임의로 한 건지로 나눈다(근저당의 힘이 있는 채권자가 경매를 실행시키는 것이므로 자연스럽게 경매가 진행되겠죠? 그러니까 임의 경매).

• **재경매** 낙찰자가 있었는데 사정에 의해서 잔금 납부가 이루어지지 않았고 그 경매 물건이 다시 나오게 되었다(재경매). 재경매는 신중하게 입찰에 임하라고 입찰금을 두 배로 받습니다. 그만큼 정신을 바짝

차려야 합니다!

- **대항력** 낙찰자에게 내 힘을 과시할 수 있는 능력이에요. 내가 낙찰자가 되었을 때 그 힘이 나에게로 오면 다치겠죠? 대항력이 있는 세입자의 힘이 나한테 어떤 작용을 하는 건지 파악해야 합니다. 여기서는 세입자가 전입한 날짜, 확정일자, 배당받겠다고 신청한 날짜를 점검하는 게 중요합니다.

- **압류, 가압류, 가처분, 가등기** 여기서부터는 공부의 수준을 레벨 업 해야 합니다. 가등기 하나만 보아도 담보 가등기인지 순위 보전 가등기인지 점검해야 하는 복잡한 단계에 해당합니다. 이제 경매를 처음 접하는 분이라면 일단 넘어가서도 됩니다.

- **변경** 어떤 상황이 변경되었다는 뜻이니 입찰하려던 날 진행을 못하고 미룬다는 의미입니다. 연기도 비슷하게 입찰일이 지연된다는 거니까 한꺼번에 기억합니다.

- **취하** 경매 진행이 취소되었다는 얘기이므로 원래는 무척 좋은 일입니다. 채무자가 집을 지킬 수 있는 다른 방법을 찾았나 봅니다. 그러나 최소 일주일 전부터 물건을 연구하고 임장한 입찰 예정자 입장에서는 많이 허탈하고 짜증 나는 일이에요. 하지만 하루 이틀하고 그만둘 경매가 아니라고 생각을 바꿔보면 덕분에 참 좋은 공부를 하게 된 셈이지요.

모든 과정이 인생을 살아가는 공부처럼 여겨집니다. 경매 사이트를 결정했고 중요한 용어도 몇 가지 외웠다면 이제 매일매일 경매 물건을 눈뜨

면 보고, 이동하는 대중교통에서도 보고, 쉬면서도 살펴보세요. 그러다보
면 보기만 하는데 경매 물건이 말을 걸어오는 것 같을 거예요. 어서 이 물
건으로 돈을 벌어 보라고 말이지요.

CHAPTER 2

26채 자산가의
한 끗 다른 경매 노하우

일단 부동산 도매시장 격인 경매법정과 친해지세요

일을 시작하는 방법은 말을 멈추고 일단 하는 것이다.
-월트 디즈니

"엄마, 뭐 하는데 딸이 와도 모르고 그렇게 집중하고 계세요?"

어느 날 엄마가 방바닥에 엎드려서 공부를 열심히 하고 계셨습니다. '이상하다. 엄마는 마치 난독증이 있는 것처럼 글자라면 멀리하셨는데 무엇에 저렇게 집중하시지?' 하는 마음으로 가까이 다가가 봅니다.

"어, 엄마 돈 벌고 있다. 이 마트 저 마트 전부 가격이 달라, 여기서는 콩나물 사고 저기서는 계란 살 거야. 타임서비스도 있어서 시간 딱 맞게 줄서면 백 원에 주는 곳도 있다."

그 모습을 보자마자 행복한 미소를 머금은 엄마의 모습을 뒤로하고 한마디 내뱉었습니다.

"그거 몇 푼 아낀다고 그럴 시간에 못 잤던 잠이나 자. 아님 하나도 안 사는 게 돈 아끼는 거야."

물론 무작정 매몰차게 말했던 그때의 모습을 많이 반성하곤 하지만, 다시 생각해도 내 귀중한 시간을 콩나물을 싸게 사는 데 써야 한다면 절대 가지 않을 것 같습니다. 동전 몇 푼이 하찮아서가 아니었습니다. 그 당시 저는 시간당 급여가 절대 비싸지 않은 상황이었지만, '내게 주어진 1분이라도 굉장히 비싸게 써야겠다'라는 믿음이 있었기 때문입니다.

아르바이트를 하거나 일당을 계산할 때 최저 시급을 논하는 걸 자주 봅니다. 최저 시급이 1천 원 인상되었을 때 경제나 사회에 퍼지는 나비효과를 잘 압니다. 받는 입장은 많이 받고 싶고, 주는 입장에서는 최저시급이 올랐을 때 인건비로 인해 휘청거리는 사업장을 버티려 한 명의 직원을 해고하게 됩니다. 그런데요, 국가에서 정해주는 최저 시급에 내 인생을 맞추기보다는 시간당 급여를 내가 정하는 주도적 인생은 어떨까요? 당신의 시간당 급여는 얼마입니까?

경매하는 법정에 매번 참여할 수 없는 직장인들은 다른 사람에게 입찰을 부탁합니다. 그것을 대리입찰이라고 합니다. 그 부탁 뒤에는 물론 소정의 비용으로 보답해야 합니다. 정해진 가격이 있지는 않지만 대략 10만~30만 원까지 받는다고 합니다. 주로 반나절 정도 시간을 할애하고 받는 비용으로는 많은 편입니다. 주는 사람이나 받는 사람이나 수익의 단위가 큰 경매를 하고 있다는 증거입니다.

입찰에 성공해서 그날 낙찰을 받는다면 적게는 몇백만 원에서 많게는 몇억 원의 수익이 반나절 만에 결정되다 보니 잠깐의 아르바이트마저도 시급이 높은 편입니다. 여기까지 읽으시고 '그럼 나도 대리입찰 아르바이트나 해볼까?' 하는 생각부터 들었다면 그분은 아직 큰돈을 벌기는 멀었습니다. 아르바이트비를 받은 대리입찰자보다 사정상 대리입찰로 낙찰받은 낙찰자의 수익에 관심을 가지셔야 합니다.

경매법정에서는 하루에 몇 시간 만에 몇백억 원의 돈이 소리와 형체가 없이 이동합니다. 본인의 입찰가에 0이란 숫자를 실수로 하나 더 써서 억이 십 억이 되지만 않는다면 확실히 싸게 사 가는 사람들이 넘칩니다. 명품을 아울렛에서 할인가에 사 가는 것과 같은 상황입니다.

간혹 갭 투자를 위해서 또는 가지고 있는 자본이 너무 적어서 지방으로 갈 수밖에 없다는 이유를 듣게 됩니다. 이곳저곳 KTX를 타고 멀리 다니는 투자자들을 볼 때마다 엄마의 전단이 생각난다면 너무 억측일까요? 그런 이유라면 가까운 수도권에도 적은 자본만 가지고도 할 수 있는 물건이 있습니다. 물론 '많습니다'가 아니라 '있습니다'입니다. 하지만 많은 이들은 자신에게 맞는 물건을 찾는 방법을 배우지 않아 멀리 다녀와야 하는 수고를 해야 합니다. 지방에 가는 이유라면 지방에 있는 물건의 수익이 좋아서 다녀오는 것만을 추천합니다. 자본이 적거나 직장을 매일 출·퇴근 해야 해서 여유시간이 없는 분들께 생활이 임장이고 일상이 투자인 방법을 간략히만 알려드리겠습니다.

경매의 시작은 다름 아닌 법원 임장부터입니다

> 덮어놓고 덤벼들라는 게 아니다. 무슨 일이든 더 효율적인 방안을 찾으면서 밀어붙여라.
>
> -정주영

경매하기로 결심하셨다면 무엇부터 하면 좋을까요? 강매 강의를 시작한 첫날이면 어김없이 책을 추천해 달라고 합니다. 정말 책부터 보고 공부해야 할까요? 대부분의 경매입문자는 단체톡방에 들어가서 눈으로만 정보를 습득하거나 무료 독서 모임, 무료 경매공부 모임에 가입하고 일주일에 한 번 오프라인 모임에 나갑니다. 수업료를 아끼는 마음을 이해는 하지만 정당한 정보는 그에 합당한 대가를 지불하고 듣는 게 맞습니다. 여기서 포인트로 여기는 건 그 강의가 정당한 정보를 제공하는지의 여부를 가리는 겁니다.

유명하다고 경매를, 또는 투자를 잘하는 건 아닙니다. 현장에서 본인이 투자하면서 실제로 경매하는 현재진행형 강사를 찾으셔야 합니다. 과거의 경험으로는 급변하는 현재 우리의 재산을 늘리는 투자는 할 수 없다고 장담합니다. 꼭 현재 투자에 성공하고 있는 검증된 멘토를 만나시길 바랍니다.

강사를 찾는 것도 무척 중요하지만 일단 법정을 방문해 보세요. 경매에 대한 아무 지식이 없어도 괜찮습니다. 법원을 방문해 경매 현장, 그 분위기를 직접 체험해 보는 겁니다. 법원은 분점이 많습니다. 스타벅스가 있으면 스세권, 법원이 가까이 있으면 법세권이라고 말씀드리고 싶습니다. 먼저 우리 집 근처에 있는 법원에 자주 가보는 건 어떨까요?

자신의 동선과 가장 가까운 법원이 어디인지부터 파악해 보세요. 그리고 평일 하루 휴일을 잡아서 경매가 진행되는 법정에 출석해 보는 겁니다. 그날 수십억 원에서 수백억 원의 돈이 그 작은 경매법정 안에서 이동하는 소리가 들립니다. 그 소리를 감지한 즉시 심장이 뛰는 경험을 하게 됩니다. 내가 당장 돈이 없어서 입찰에 참여는 못하더라도 입장료를 받는 곳도 아닌데, 아무것도 모르더라도 법정 안에 앉아서 귀동냥해 보세요.

경매 법정 안과 밖에는 여러 역할의 출연자들이 있는 뮤지컬 무대 같습니다. 긴장된 얼굴로 남을 경계하며 지인과 속삭이는 사람, 무심히 아무한테나 프린트물(무료로 배포하는 당일 입찰 물건 리스트)을 쓱 내미는 사람, 명찰을 달고 법정에서는 조용히 하라며 주의를 주고 있는 사람(법원 공무원), 노란 봉투와 흰 봉투 각자의 역할이 있는 종이쪽지, 누군가 낙찰받고 나가면 우르르 몰려와서 내미는 대출 상담 명함 등을 볼 수 있습니다. 이런 광경을 보면서 기억할 포인트는 부자가 되고 싶어 이 자리에 온 사람들이 매우 많다는 점입니다. 그렇다고 이들이 모두 다 부자가 되는 건 아

각 지역의 지방법원 모습

니겠지요. 좋은 물건을 놓치지 않고 잡는 사람이 부자가 될 기회를 얻는 것이죠. 여유가 생겼다면 낙찰되는 물건 중 아는 지역이거나 관심이 가는 물건을 찾고 실제로 가보는 건 어떨까요?

관심을 갖고 본 물건이 아파트라면 가격을 비교해 보기가 훨씬 수월합니다. 네이버에 접속해서 '부동산 파트·관심이 있는 아파트'를 검색해보면 현재 매물로 나와 있는 가격을 확인할 수 있습니다. 예를 들어 오늘 낙찰된 아파트인 한 물건에 관심이 갑니다. 그리고 네이버 부동산 매물을 봅니다.

'어라! 저 사람은 매물보다 비싼 가격에 낙찰받았네!' 싶고, '도대체 저런 바보 같은 짓을 하려고 아침부터 이 많은 사람들 속에서 낙찰을 받아 가는 건가?' 싶으실 겁니다.

그럼 그 낙찰자가 고액 낙찰을 받은 이유를 짐작해 볼까요? 가정해본다면 1. 지금 현장에 나와 있는 물건보다 경매 물건이 로열동, 로열층이다. 2. 경매로 사야만 하는 이유가 있고, 현장에서 매매로 살 수 없다. 3. 국가가 정해놓은 기준 보다 대출을 더 많이 받아야 하는 상황이다. 등등 이유는 많이 있습니다. 그 이유를 찾아내고 알아가다 보면 낙찰가도 맞출 수

법원 견학을 위해 모여 있는 이들의 무리

있고 경매를 이해하고 알아가는 데 한발짝 나아가게 됩니다.

매매로 나온 아파트와 모든 조건이 다 같다면 당연히 경매로 살 때는 할인된 가격에 낙찰받게 됩니다(요즘 시세보다 높은 가격에 낙찰되었다는 기사를 종종 볼 수도 있습니다. 그 이유는 심도 있는 설명이 필요하여 뒷부분에서 응용사례로 풀어 드립니다). 같은 조건이라는 전제하에 경매는 무조건 싸게 사는 도매 시장과 같습니다.

경매 학원 등록보다 경매 법정 방문을 먼저 얘기한 이유가 있습니다. 경매 학원에서 경매를 처음 접하면 경매 법정을 방문하는 것도 마치 수업의 한 과정인 것처럼 쭉 줄을 세우고 단체로 방문합니다. 만약 그전에 경매 법정을 직접 방문했던 경험이 있다면 귀중한 시간과 학원 수강료를 절약하게 됩니다. 일명 자기주도 학습이 되는 셈이지요. 저는 강의료보다 시간을 낭비하지 않길 바랍니다. 당신의 시간은 값지고 소중하니까요.

네이버 부동산에서의 현재 매물 검색

경매 법정 방문 요령

STEP 01

가까운 법원을 찾은 후
물건에 맞는 입찰 날짜를 확인한다

STEP 02

입찰시간보다 여유 있게 도착하여
주변 상황과 사람들을 관찰한다

STEP 03

입찰 물건 프린트물에 관심물건을
표시하고 낙찰 예상가를 써본다

STEP 04

모든 물건의 순서가 끝난 후
모두가 법정을 떠날 때 법원을 나온다

STEP 05

관심 가는 물건이 있으면 찾아가서
사진만 찍고 온다

부동산 뉴스 홍수 속
알짜 정보 찾는 법

> 서 있을 수 없다면 납작 엎드리자. 기어서라도 살아남아야 한다.
> 하지만 절대 눕거나 쓰러지지 마라. 아무리 고통스럽고 힘들더라도 엎드려 기어야 한다.
> - 마윈

경매를 처음 접한 초보 시절, 물건하고 관련된 정보를 손쉽게 얻는 방법이 없어서 힘이 들었습니다. 당시의 임장은 전부 발품을 팔아야 가능하던 시기였으니까요. 심지어 투자금이 없다는 이유로 전라도 여수, 목포, 충청도 지방 구석구석을 돌던 시절이 있었습니다(2007년). 절실함으로 익숙하지 않고 무섭던 모텔과 찜질방에서의 쪽잠도 개의치 않던 초보 시절 임장 방법입니다. 아무리 먼 지방 도시 일지라도 직접 현장 확인은 필수였습니다.

더 열심히 해야만 하는 물건은 경매 물건지의 초인종을 눌렀습니다. 거짓말로 "아랫집에서 왔어요."라고 얘기하면 문이 열릴 때 열린 문 사이로 발부터 밀어 넣는 기술을 배웠습니다. 그렇게 하기 위해 동기들끼리 롤플레이도 해보고 서로 독려도 했었습니다. 하지만 그 시절 배웠던 수업방식이 현재에는 맞지 않으면 바꿔야 합니다. 지금은 공동현관을 통과할 때도 주거침입죄에 해당하는 상황인지부터 점검해야 합니다. 위험한 상황을 자처하면서까지 현장에서 물건을 확인하는 건 옳지 않습니다.

우리의 행복을 위해 점유자에게 상처 주거나 피해주는 상황을 묵인할 수는 없습니다. 혹여 그렇게 하라고 조언해주는 선배들이 있다면 좋은 것만 취하고 낡은 관습은 버리는 선택적 학습을 해야 합니다.

다행히도 발품만이 답이 아닌 호시절에 살고 있습니다. 손품이라는 단어에서 설명하듯 컴퓨터로 99% 조사를 다 할 수 있습니다. 나머지 1%는 안전한 방법으로 현장을 확인하는 정도의 임장을 끝내고 입찰에 응하면 됩니다.

손품을 팔다 보면 매체마다 부동산 뉴스가 쏟아지지만, 엇갈리는 내용이 많습니다. 일반 독자 입장에서는 기자의 기사를 분석 없이 받아들이게 됩니다. 기자들은 우리보다 열심히 발로 뛴 사람들이고 우리를 위해 새로운 소식을 전하는 직업이라는 고정관념으로 어과 없이 모두 받아들입니다. 하지만 부동산 뉴스를 지혜롭게 읽어서 올바른 투자의 시각을 가질 수 있어야 합니다.

한때 저는 용산에 있는 작은 원룸사무실에서 수익률만 연구하던 시절이 있었습니다. 그 당시에는 아는 사람만 아주 소수로 사무실에 방문하곤 했었습니다. 어느 날 한 미혼여성이 상담자인 양 저를 찾아왔습니다. 진솔하게 본인이 처해 있는 상황을 잘 들어주고 공감해줬더니 결국에는 본인이 신분을 속였다는 걸 털어놓았습니다.

"저는 모 신문사 기자입니다. 사실은 부동산 투기에 대해 취재 중이라서 잠입한 것입니다. 그러나 부동산 지식은 집을 임차할 때 계약서 쓸 정도도 없습니다. 본부에서 취재하라니 나온 것입니다. 오늘 많이 배우고 부동산 투자에 대해 다른 시각을 갖게 되었습니다. 속이고 취재한 건 정말 죄송하고 기사에 쓰진 않겠습니다."

이렇게 말하고는 90도로 인사하며 사무실을 나갔습니다. 그때 아차 싶었습니다. 우리가 쉽게 접하는 부동산 기사를 저렇게 사회 경험이 없는 기자들이 누군가의 말을 듣고 그게 진실인 것처럼 기사화했고, 또 그걸 구독자들은 '유식한 기자가 썼으니 지식인 줄 받아들이겠구나' 싶었던 것

8·2 부동산 대책 지역별 적용 효과

▌투기과열지구와 투기지역이 아닌 조정대상지역

	지역	경기 6개시 (성남, 하남, 고양, 광명, 남양주, 화성, 동탄2) 부산 7개구 (해운대, 연제, 동래, 수영, 남, 기장, 부산진)
달라지는 점	세제	• 다주택자 양도소득세 중과 및 장기보유 특별공제 배제 • 1세대 1주택 양도소득세 비과세 요건 강화 (2년 거주요건 추가) • 분양권 전매시 양도소득세 강화 (50%)
	청약	• 1순위 자격 요건 강화 (+투기과열지구) • 가점제 적용 확대 (+투기과열지구)
	기타	• 오피스텔 전매제한 (소유권 이전등기시) 및 지역 거주자 우선 분양 (+투기과열지구)

달리 보는 부동산 뉴스　출처〈연합뉴스〉

이지요. 그 당시 진심으로 상담해 주지 않았다면 그 초보 기자는 부동산 투자에 색안경을 끼고 투자자에 대한 부정적인 기사를 작성했을 겁니다.

그 후부터 기사를 접할 때 국가기관에서 발표한 공문을 토대로 뉴스를 접하는 습관이 생겼습니다. 그래야만 그 출처의 수준에 따라 거를 건 거르고 취할 건 취하면서 선택적으로 읽게 되니까요. 더불어 외국에서 나오는 기사도 정확히 알고 싶어서 영어를 능숙하게 구사하는 주변인의 도움을 받아 헤드라인이라도 읽으려 노력합니다. 남이 주는 기사를 아무 의심 없이 받아들이지 마세요. 만약 그 기사가 본인에게 독으로 작용한다면 큰 탈이 나게 됩니다. 옆 페이지와 같은 기사를 몇 년 전 많이 보셨을 겁니다.

2017년, 새 정부가 시작되었을 때 일명 '8·2 대책'이 발표되었습니다. 투자를 본업으로 삼고 있는 사람은 물론 집이 한 채 있는 사람들도 부동산 가격이 폭락할 거라는 경고 메시지로 받아들였습니다. '강력한 규제를 통해 더 이상 부동산으로 수익을 내는 일을 좌시하지 않겠다!'라는 정부의 메시지였습니다.

당시 현장에서 열심히 임장하며 살던 전업 경매인에게 미친 영향력은 굉장했습니다. 3년 정도 경매 시장에 발을 들여놓았던 신참들은 이 바닥은 끝났다고 본업으로 돌아가는 분위기였고, 10년을 채운 사람들도 본인의 투자보다는 경매 강의로 소득을 채우기 위해 강사로 전업하는 분위기였습니다.

그러나 저는 참여정부 시절(노무현 정권 시기) 새내기 경매인으로 좋은 기회를 놓친 경험이 있기에 그런 것을 되짚어 보았을 때 이번이 그와 같은 투자 적기라는 생각을 굳히게 됩니다. 서서히 하락론자들이 유명해지기 시작했고, 주변에서는 '적폐'라는 처음 듣는 단어가 등장했습니다. 이미 끝난 장에서 뭐하냐는 비아냥거림도 있었습니다. 그럴수록 나무가 아닌 숲을 보려 했습니다.

임장을 위한 발품과 함께 경제강의, 주식강의 등 우리나라의 미래를 예측할 수 있는 정보와 강의를 내 것으로 만들어 올바르게 상황을 판단하기 위해 많은 시간을 보냈습니다. 그렇게 5년이 지나고 지금은 다른 정권의 대통령이 당선되었습니다.

3년 동안 바짝 상승장을 맛본 강사들은 5년 전 하락론을 외치던 본인의 모습을 기억하는 사람이 없다는 이유로 지금은 180도 내용을 바꿔 강의를 아무렇지 않게 하고 있습니다. 본인이 원래 상승론을 얘기했던 사람처럼 말입니다.

과거는 누구나 맞출 수 있습니다. 그러나 경험해 보니 위기에 흔들리지 않는 뚝심은 자기주도 학습뿐입니다. 신문 기사나 국가 차원에서 내놓는 보도자료를 참고하되, 절대 백 퍼센트 믿지 마세요. 자신이 공부하고 스스로 만든 자료가 진짜 정보입니다.

한 예로 8·2 대책 발표 당시 지인의 아버님께서 상담 신청을 하셨습니다. 평생 공무원으로 사시다 은퇴하신 그분은 지금까지 번 돈을 아파트 2채에 투자해 놓으셨습니다. 노후에 연금과 함께 임대료나 시세차익으로 자녀에게 궁한 소리 하지 않고 사시겠다고 계획을 세우신 겁니다. 한 채는 본인의 실거주 한 채는 임대료로 생활비 충당을 위한 것이었습니다.

소유하고 있던 것은 잠실 엘스와 잠실 주공 5단지 아파트였습니다. 그러다 그분은 한 신문 기사를 읽게 됩니다. 바로 '이제 2주택자는 망하는 세상이 되었으니 얼른 나가서 부동산에 한 채를 매물로 내놓아야 한다'는 내용이었습니다. 그래서 '둘 중 무엇을 팔면 좋겠냐'고 질문하셨습니다. 물론 저는 둘 다 가지고 계시라고 조언했지요.

성인인 자녀와 정당한 매매 거래를 해서 앞으로 다시 사기에도 어려운 우량 부동산을 다른 사람에게 급매로 내놓는 과오는 범하지 말라고 조언했습니다. 또한 아드님이 가지고 있는 아파트 분양권의 매도를 권했습니다. 그렇지만 아드님은 상담 당시, 매수한지 얼마 안 된 평택 아파트 분양권을 절대 팔 수 없다고 거절했습니다. 신축을 원하는 니즈는 많으니, 신

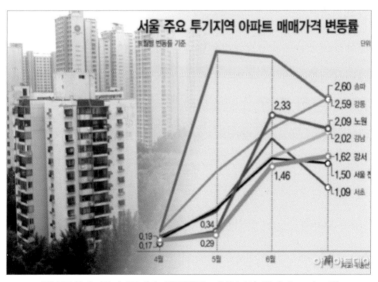

서울 주요 투기 지역 아파트 매매 가격 변동률   출처 〈아시아투데이(2017년 10월)〉

축 아파트는 언제나 상승한다는 집념이 거절의 이유였습니다.

물론 그 어르신께서는 이미 답을 정하고 오셨고, 상담 후에 둘 다 보유하라는 말에는 못 믿는 눈빛으로 나가신 후 잠실 주공 5단지를 매도합니다. 지금은 그분들과 연락을 주고받지는 않지만 아직도 그 선택이 최선이라고 믿고 계실지는 의문입니다. 잠실 주공 5단지라는 구축에 살기 싫어서 평택 신축 아파트를 선택하신 그분들의 선택에 저는 아직도 동의하기 어렵습니다.

2017년 이후는 그동안 축척해 온 경매 경험과 숲을 보는 안목이 없었다면 저도 다른 이들과 같이 움츠리고 소극적인 자세로 부동산 시장을 대했을 것입니다. 경험치로 쌓아 온 확신과 그 확신에 대한 행동력은 2016년 전의 부와는 또 다른 레벨의 부동산 자산을 만들어 주었습니다. 2017년 앞 페이지 이미지 그래프의 꺾임을 보고서도 아랑곳하지 않고 낙찰받으러 다닌 확신은 지금의 결과로 나타나고 있습니다. 지금은 2017년 당시보다 자산이 세전 기준 200배 증가해 있습니다.

부동산 부자의 TIP

새로운 대통령의 시대가 열렸습니다. 지난 문재인 정부에서 억제된 정책으로 움츠려 있던 부동산 시장이 다시 봄을 맞이합니다. 부동산에 꽃이 피는 시기가 2022년 펼쳐집니다. 예쁘고 화려한 꽃구경이 끝나갈 때쯤 꽃은 떨어지고 그 뒤에 열매가 열립니다. 열매를 수확하는지 멀리서 꽃구경만으로 끝날지는 당신의 선택입니다.

윤석열 20대 대통령의 공약 집중 분석

세금
- 종합부동산세와 재산세 통합 추진
- 공시가격 2020년 수준으로 완화해 보유세 부담 경감
- 생애최초 주택 구매자 취득세 면제 또는 세율 1% 단일화
- 조정지역 2주택 이상에 대한 누진세율 완화
- 다주택자 양도세 중과 최대 2년간 한시적 배제
- 등록 임대사업자 세제 혜택 부활
- 단순 누진세율을 초과 누진세율로 전환
- 1주택 장기보유자에 연령과 관계없이 매각/상속 시점까지 납부 이연 허용

금융
- 무주택가구 특별 장기, 저금리 주택담보대출 마련
- 주거급여 대상 확대 및 급여 현실화
- 실수요자 주택구입 자금 대출 규제 완화

주택공급
- 5년간 전국 250만 가구 이상 공급

[수도권 130만 호 이상 최대 150만 호 (서울 50만)]

- 역세권 첫 주택 20만 호 공급

[민간 재건축 용적률 500%로 상향 조정 (공공 참여시 최대 700% 상향)]

- 새 정부 출범 직후 주택공급 로드맵 작성 후 2026년까지 연도별 물량 공급
- 1기 신도시 재건축, 리모델링 추진 : 1기 신도기 5곳에 10만호 추가 공급
- 30년 이상 아파트의 경우, 정밀 안전진단 면제
- 임대차 3법 개편
- 민간 임대주택 시장 활성화

GTX

- 수도권 광역 교통망 확충

  1기 노선 연장 (A, C 노선)

  2기 노선 추가 (D, E, F 노선)

- GTX 역세권 콤팩트시티 건설 (총 25만 호 공급)

  1기, 2기 GTX 차량기지 입체화해 부지 확보

  주택 1~2만 호 규모 콤팩트 시티 다수 조성

미래가치를 예측하는 것이
부자의 지름길입니다

나는 실패하지 않았다. 나는 단지 효과가 없는 만 가지 방법을 발견했을 뿐이다.
-토머스 에디슨

'누구나 탐을 내는 물건은 경쟁이 치열하니 피하라'는 글을 많이 봅니다. 하지만 이를 다시 생각해보고 이렇게 행동하길 바랍니다. '내 물건으로 만들기에 좋은 부동산은 치열한 경쟁이 있더라도 반드시 이겨서 낙찰받는다.'

고가 낙찰의 기준은 그 물건에서 수익을 못 낼 때 하는 말입니다. 계산상 수익을 충분히 낼 수 있다면 현실에서도 수익이 보장됩니다. 내가 낙찰받은 부동산의 가치는 내가 올리는 것입니다. 도매가로 가져와서 도매상품으로 팔거나, 경쟁이 치열한 물건이었다면 소매가로 낙찰받아 소비할 수 있는 구매자가 파악되었을 때 명품으로 만든 다음 명품 가격을 받으면 됩니다. 상승장에서는 저가 낙찰만 바라보기보다는 앞을 내다보는 안목으로 상승 폭이 큰 부동산을 낙점해서 미래의 내 수익률까지 예

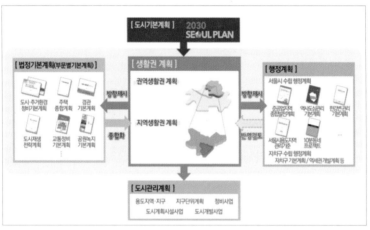

서울2030 생활권계획 사이트

상해서 가져가야 합니다.

신문 기사에서 쏟아지는 교통 호재 뉴스, 재개발구역 지정, 재건축 진행 상황, 기타 등 정확한 현황을 알고, 그 부동산을 취득하는 시기가 중요합니다. 금세 추진이 될 것 같던 재개발 구역도 각각 나름의 사유로 취소하게 되면 하루아침에 물거품이 됩니다. 10년이란 시간이 각자의 체감으

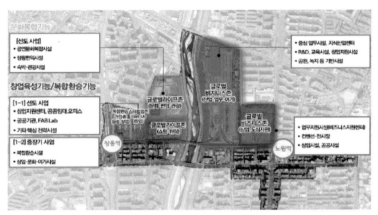

창동·상계 신경제 중심지 조성 기본 구상(안)   출처 〈서울시〉

로는 길다면 길고 짧다면 짧겠지만, 수익률 분석으로 봤을 때 기다릴 만한 충분한 사유가 존재해야만 세월 값에 대한 손해를 막을 수 있습니다.

위의 지도는 노원역부터 창동까지의 미래 개발계획입니다. 뉴스만 보면 당장 도봉구로 가는 차편에 몸을 싣고 달릴 것 같습니다. 초보 경매인들이 범하는 실수 중 하나가 '미래에 이렇게 될 것이다'라는 기사를 접하면 바로 해당 지역을 낙찰받거나 임장 중 급매로 갭투자 계약을 진행하는 겁니다. 하지만 이대로 진행이 되려면 지자체의 행정 상황과 정치인들 간의 협력이 필요하고 주민동의, 부동산의 보상도 원만히 이루어져야 합니다.

어떤 전 장관이 '부동산이 빵이면 밤새 구워서 당장 내놓겠다'라는 명언을 남겼습니다. 부동산 개발은 발효 후 바로 나오는 빵이 아닙니다. 10년 정도의 긴 세월 동안 숙성시킨 장인의 된장보다도 오랜 숙성이 필요합니다. 일찍 선점하는 것만이 답이 아닙니다. 내가 그 지역에 들어가는 시기

선점이 관건입니다. 2022 동계 올림픽에서 쇼트트랙 선수들의 위치 선점과 추월 시점을 보면서 '나는 저 선수처럼 적절한 시기에 위치를 잘 찾아 들어가고 있는지'에 대해 돌아보게 되었습니다. 그래야만 마지막에 스케이트 날을간발의 차로 밀어 넣어 금메달을 따는 짜릿한 경험을 할 수 있을 겁니다.

무작정 먼저 돌다 지쳐서 남은 바퀴를 완주하지 못하는 선수들을 가끔 보게 됩니다. 자신의 체력 안배도 못해 공든 탑을 무너트리는 선수가 되지 않길 바랍니다. 화려한 청사진을 보이는 개발계획 뉴스를 보고 투자를 급하게 하는 것 보다, 갭이 적은 투자를 통해 장기간의 마라톤에서 지치지 않는 걸 추천합니다. 또한 소정의 월세를 받아서 이자를 월세로 감당하는 전략이 필요합니다. 장기간의 재개발 계획은 버티는 사람이 결국 승자가 됩니다.

소 재 지	서울 도봉구 창동				
경매구분	임의경매	채 권 자	굿OOOOOOOO		
용 도	다세대	채무/소유자	이OO	매 각 기 일	
감 정 가	138,000,000 (20.02.14)	청 구 액	87,638,904	종 국 결 과	
최 저 가	110,400,000 (80%)	토지면적	20.4㎡ (6.2평)	경매개시일	20.01.28
입찰보증금	11,040,000 (10%)	건 물 면 적	35㎡ (10.5평)	배당종기일	20.04.13
조 회 수	·금일조회 1 (0) ·금회차공고후조회 31 (21) ·누적조회 234 (27) ·7일내 3일이상 열람자 6 ·14일내 6일이상 열람자 3			()는 5분이상 열람 조회통계 (기준일-2020-11-09/전국연회원전용)	

창동 개발 수혜를 얻을 수 있는 물건

국토교통부 발간 〈제5차 국토종합계획〉

옆 페이지의 물건은 창동 개발을 바라보고 있기 때문에 임대용 인테리어로 진행했습니다. 그 후 지방에서 학업을 위해 올라온 대학생에게 월세로 임대를 주는 마무리를 했습니다. 해당 빌라는 공시지가 1억 원 미만의 창동역세권 대단지 나세내로써 창동 역세권 개발꽈 헌 집을 바꾸고 싶은 주민들의 협의만 잘 진행된다면 멋지게 변신할 기대주입니다. 기다리는 시간이 힘들지 않게 2천만 원 미만의 투자금으로 월세까지 받게 세팅한 효자물건입니다.

위의 〈제5차 국토종합계획〉 자료는 우리나라 전체 국토를 개발시키는 장기적인 계획이므로 5차는 2040년까지의 변신을 예측해 볼 수 있고, 그 다음 정부에서 발표할 6차는 2060년까지 변화를 예상하는 자료로 사용하면 됩니다.

CHAPTER 3

경매의 중요 절차,
임장부터 입찰까지

나에게 맞는 입찰물건은 따로 있습니다

인내심은 백만장자의 또 다른 자산이며 조급함은 보통 사람이 시달리는 부채이다.
-키스 캐머런스미스, 《더 리치》

경매 물건은 매일매일 쏟아집니다. 오늘 패찰했다 해서 입찰할 물건이 전혀 없는 건 아닙니다. 이 시간이 지나면 전혀 살 수 없는 홈쇼핑은 아니라는 이야기죠. 그러나 '이번에 패찰 이어도 금방 좋은 물건이 올 거야' 하면서 스스로 위로하지는 않아야 합니다. 그런 위로는 본인에게 도움이 될 수 없습니다. 단순히 긍정을 가장한 정신 승리입니다. 긍정은 이럴 때 쓰려고 있는 게 아닙니다. 본인에게 딱 맞는 물건을 찾아 입찰해야 하고, 내 상황에 적당해야 입찰을 하러 가야 합니다.

'이거 아니면 저거'는 정말 안이한 생각입니다. 내 상황과 딱 맞아서 입찰을 진행한 물건을 낙찰까지 끌어내지 못했다면 패찰의 이유를 분석해야 합니다.

'나는 실거주할 집을 경매로 사고 싶다'라는 목표가 있다면, 우리 가족

구성원에게 필요한 주변 환경과 가진 자본은 얼마인지 파악해야 합니다. 자본이 부족한데 은행에서 대출이 나오는 조건이 물건에 해당하는지 등, 나의 신용 점수와 수입(상환 능력 평가)이 대출과 관련 있다는 것을 알아야 합니다.

또한 낙찰받으려는 물건이 아파트라면 KB시세를 보고 예상할 수 있고, 빌라와 같은 다세대라면 공시지가와 매매 사례를 분석해야 합니다. 혹여 '제1 금융권이라 하는 은행에서 빌려주는 대출금만으로는 잔금 납부가 어려울 것 같은데 그렇다면 방법이 없을까?'라고 불안해하지 마세요. 낙찰받은 아파트가 KB시세보다 호가나 실거래가가 매우 높다면 후순위로 다른 금융권에서 나머지 금액을 대출받을 수도 있습니다. 이를 후순위 대출이라 하는데, 이자율이 은행권보다 매우 비싸다는 단점이 있습니다. 선순위 대출과 후순위 대출이자의 합이 월세 정도의 부담이라면 자금이 없는 월세 세입자에게 낙찰을 권하기도 합니다. 전적으로 개인의 사정에 맞는 대출 상환 포트폴리오가 중요합니다. 이렇게 여러 방법으로 자가주택(실거주 목적)을 낙찰받을 수 있습니다.

그다음은 투자자로 사는 낙찰 방법입니다. 투자자는 본인의 거주를 위한 목적이 아니므로 절대 본인의 니즈를 개입시키지 않습니다. 철저하게 그곳을 원하는 수요의 니즈를 파악하는 겁니다. "저기에 어떻게 살아요?" 싶으시다고 하더라도 그건 본인 생각입니다. 원하는 사람은 어디에나 있습니다. 투자 물건은 임대용인지 단기매매로 시세차익을 볼 것인지 결정합니다.

매매사업자와 법인을 가지고 있는 투자자는 단기 매매를 선호합니다. 그러나 개인투자자는 지금처럼 매도 후 세금으로 수익을 모두 뺏기는 시기에는 임대용 물건으로 낙찰을 권합니다. 임대용은 전세, 월세 그리고 임대차 3법 후 더 많이 등장한 반전세의 유형이 있습니다. 전세는 집의 가격과 큰 차이가 없는 빌라의 전세 사고로 인하여 보증보험에 가입해야 하는 상황까지 생겼습니다. 앞으로 생길 수 있는 사고를 방지한다는 좋은 취지이지만 공시지가의 150% 한도 내에서 전셋값을 책정해야 하는 상황이 현 시세와 맞지 않아 집주인들은 나머지 금액을 월세로 받는 일명 반전세를 선호하는 상황이 되었습니다. 현장의 상황을 고려하지 않고 책상 앞에서 만들어낸 정책의 부작용은 온전히 세금을 내는 임대인과 그 세금까지 고스란히 떠안은 임차인의 몫이라는 게 아이러니합니다.

투자 물건 중에서 매달 월세를 따박따박 받는 임대용 물건을 수익형 부동산이라 합니다. 주거용 부동산보다는 상업용 부동산을 이처럼 부릅니다. 그러나 경매시장에선 반전세 주거용 부동산도 수익형 부동산이 될 수 있습니다. 반전세란 보증금을 공시지가의 100~150% 정도 받고 나머지 시세보다 부족한 10만 원에서 많게는 1백만 원 단위까지 월세로 받는 것을 말합니다. 보증금은 시세보다 저렴하게 받은 낙찰금을 돌려받는 용도(레버리지)이고 매달 받는 월세는 수익으로 계산하면 됩니다. 물론 임대소득세를 내기도 하지만 사업이라고 생각한다면 사업소득세는 관대하게 내는 걸로 간주합니다.

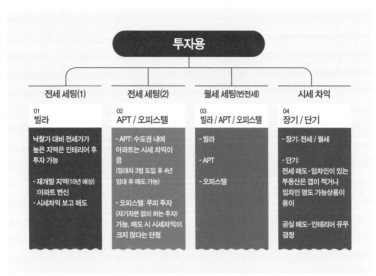

투자용

전세 세팅(1)	전세 세팅(2)	월세 세팅(반전세)	시세 차익
01 **빌라**	02 **APT / 오피스텔**	03 **빌라 / APT / 오피스텔**	04 **장기 / 단기**
낙찰가 대비 전세가가 높은 지역은 인테리어 후 투자 가능 - 재개발 지역(10년 예상) :아파트 변신 - 시세차익 보고 매도	- APT: 수도권 내에 아파트는 시세 차익이 큼 (임대차 3법 도입 후 4년 임대 후 매도 가능) - 오피스텔: 무피 투자 (자기자본 없이 하는 투자) 가능, 매도 시 시세차익이 크지 않다는 단점	- 빌라 - APT - 오피스텔	- 장기: 전세 / 월세 - 단기: 전세 매도-임차인이 있는 부동산은 갭이 적거나 임차인 명도 가능상품이 용이 공실 매도-인테리어 유무 결정

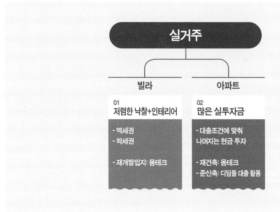

실거주

빌라	아파트
01 **저렴한 낙찰+인테리어**	02 **많은 실투자금**
- 역세권 - 학세권 - 재개발입지: 몸테크	- 대출조건에 맞춰 나머지는 현금 투자 - 재건축: 몸테크 - 준신축: 디딤돌 대출 활용

99% 손품 임장, 기회의 물건은 온라인 상에 모두 있지요

투자의 분산은 무지에 대한 방어책이다.
자신이 무엇을 하고 있는지 알고 있는 사람에게 분산은 필요하지 않다.
- 워런 버핏

세상이 참 좋아졌고 편리해졌지요. 아침에 눈을 뜨면 컴퓨터 전원부터 누릅니다. 당연하게도 출근 전에 일어나는 일상입니다. 입찰이 있는 날이면 입찰 물건의 서류를 한 번 더 컴퓨터로 열람합니다. 입찰 당일 아침까지 물건의 취하 여부를 컴퓨터로 확인하고 출발해도 늦지 않습니다. 물론 수도권 법정까지만 입찰하러 가기에 당일 아침까지 여유롭게 사건 열람이 가능합니다. 입찰이 없는 날에도 컴퓨터로 오늘 열릴 경매법정 중에서 놓친 물건은 없는지 최종적으로 한 번 더 훑어봅니다. 이동하는 지하철 안에서도 주로 물건을 보면서 이동하다 정차역을 놓치는 일도 종종 발생합니다.

경매 물건을 볼 수 있는 유료 사이트(지지옥션)를 가입했더니 앱으로 볼 수 있어 편리합니다. 여러 조건으로 살짝 끌리는 물건이 발견되고, 해당

1. 랜드북 세이프티 (https://safety.landbook.net)
서울 경기 지역 건물 노후도 및 주변 붕괴 위험 건물 파악

2. KB부동산 (https://kbland.kr)
부동산 시세, 아파트 실거래가, 부동산 실거래가 조회

3. 정비사업 정보 몽땅 (https://cleanup.seoul.go.kr)
서울시 재개발 재건축 정비사업 대표 포털

4. 코리아 닥스 (https://koreadocs.com)
대한민국 부동산 정책 정보 모음

5. 부동산 공시 가격 알리미 (https://www.realtyprice.kr)
공시가격 정보 제공

6. 서울 도시 계획 포털 (https://urban.seoul.go.kr)
서울의 도시 계획 정보 제공

필자의 손품 임장 기록

물건이 재개발을 공략하는 곳이면 '랜드북세이프티' 사이트를 이용해서 주변 건물 노후도를 검색해 봅니다. 화면이 불타는 단풍색이 많은 것을 선호하는데, 전체적으로 많이 노후화된 곳을 붉게 표현하기 때문입니다. 파란색이 많다는 건 신축 건물이 많다는 의미이기에 다른 전략을 세워서 접근합니다. 우리의 목표는 수익을 위한 투자이지 절대 부동산 수집이 아닙니다. 겉으로 좋아 보인다고 해도 수익을 안겨주는 물건이 아니면 무분별하게 수집하지 않습니다.

이번에 가로정비 주택 사업을 하게 되면서 '정비사업몽땅'을 요긴하게 활용하고 있습니다. 정비 사업에 대한 모든 것을 볼 수 있도록 서울시에서 만든 사이트입니다. 정비사업에 필요한 모든 진행 상황을 공개 입찰을 통해 공고하는데, 내 부동산 말고 다른 지역 부동산의 개발 상황도 검색이 가능합니다. 그래서 수시로 사이트를 방문하곤 합니다.

제가 사용하는 앱 중 '코리아 닥스'는 점점 더 자주 방문하게 됩니다. 국가정책이 원문 그대로 올라와서 기자의 생각이 가미되지 않은 공문 그대로 볼 수 있는 장점이 있습니다. 항상 정책 발표는 공문 그 자체로 살펴보는 습관을 권장합니다.

'부동산 공시가격알리미'는 1억 원 이하의 공시지가를 가지고 있는 부동산인지(취·등록세 1.1%)를 확인하는데 1차로 사용하고, 2차는 공시지가를 알면 전세 임대차를 맞출 때 세입자의 안심 전세대출을 가능할 수 있어서(공시지가의 150%까지 전세 계약 가능) 낙찰받고 임대를 생각할 때 활용합니다.

요즘 임대차계약 중 작정하고 사기를 행한 몇 명의 사기꾼 임대인이 있었던 지역은 보증보험에 가입하는 조건도 까다롭고 공시지가의 적정가능 금액 이상 전세 계약하지 않는 분위기입니다(2017년부터 신축 빌라 분양이 많았던 시기에 신축이라는 이점을 이용해 전세가를 집값보다 높게 책정하고 세입자를 맞이한 후 그보다 낮은 가격에 매매를 진행해 집주인을 바꾸는 전세 사기 형태가 많았음).

사기는 몇몇 사기꾼들이 벌인 일인데 그 지역 임대인들과 임차인들이 고초를 아직도 겪고 있습니다. 그 지역 빌라 시장의 붕괴를 만든 안타까운 사건입니다. 빌라, 즉 다세대는 서민이 접근하기 좋은 가격대의 주거 상품이고 세대수가 적어서 이웃하고의 소통도 가능한 단점보다는 장점이 많은 주거용 부동산입니다. 빌라 전문 투자자로서 빌라의 위상이 다시 회복되는 그날까지 노력해보려 합니다.

내 것이 될 물건은
1% 발품 임장이 필수입니다

불경기, 다시 말해 인생 참혹기에 무엇을 어떻게 대비하고 얼마나 철저히 준비하는가에 따라서
앞으로 오게 될 경기회복기에 수익률의 차이를 크게 벌릴 수 있다.
- 고도 토키오

요즘에는 컴퓨터 통계를 가지고 미래를 예측합니다. 결과적으로 손품 99%로 임장이 가능합니다. 그러나 저는 아직도 현장 임장을 많이 합니다. 부동산 투자는 '어느 지역을 사는지'가 아니고 '어느 부동산을 콕 집어서 사는 것'입니다. 그래서 같은 아파트 단지에서도, 같은 지역구 안에서도, 같은 동 안에서도 내 부동산의 가치는 엄연히 다르기 때문에 현장 임장을 중요하게 생각합니다.

내가 그 유명하다는 용산구에 투자했더라도 투자 가치가 없는 근린상가 용도의 원룸에 투자해놓고 재개발을 기다리고 있다면, 하늘의 별을 따는 심정으로 매일 기도하며 개발되기를 기다려야 합니다. 같은 금액을 투자하고도 다른 이익을 낸다면 속상해서 살 수 있을까요? 하물며 더 큰 금액을 투자하고 더 낮은 수익을 낸다면 그에 따른 손해는 얼마일까요?

무조건 우량물건을 보는 눈을 위해서라도 현장을 다녀야 합니다. 현장이 급변하는 걸 몸으로 기억하고 현장 가격보다 싸게 사야 하니까요.

"급매 있어요!"라는 부동산중개소 전화에 "감사합니다. 저한테만 전화를 주셔서 이 좋은 정보를 주시다니요." 하면서 계약서에 갭 투자 도장을 찍는다면 과연 현명한 투자일까요? 그 좋은 정보를 줄 만큼 그분과 친분이 있으신가요? 본인이 사지 않고 남한테까지 줄 수 있는 좋은 투자물건은 없습니다. 내가 알고 있는 현장에서 내가 책정한 가격에 의해 급매 기준이 서야 합니다. 급매로 사고 싶다면 그 부동산을 접촉해서 내 노력으로 가격을 절충해 사야 급매인 겁니다. 저도 경매에 거의 나오지 않는 핫한 지역(마포구, 용산구, 성동구)은 급매로 거래합니다. 평상시 그 지역의 부동산 가격을 잘 알고 있기에 가능한 거래입니다.

2019년 새해가 밝아오는데 다리를 심하게 다치게 되어 발목 인대 파열로 인해 깁스하고 목발을 짚어야 외출할 수 있었습니다. 그것도 잠시 치료를 뒤로하고 깁스가 거추장스러워서 풀고 입장을 다녔습니다. 이번이 내 인생에 있어서 두 번 올 수 있다는 확신만 있으면 차분히 치료받았겠지만, 하루가 다르게 급변하는 부동산 혼란기에 후회를 만들고 싶지 않았습니다.

어제는 평당 2천만 원 하던 곳이 오늘은 3천만 원으로 오르고, 물건이 다시 매물을 취소하는 부동산 불장이었습니다. 지금은 그 지역이 평당 7천만 원에서 1억 원을 부르고 있고 그마저도 돈이 있다고 한들 매물이 없어 살 수 없는 지역이 되었습니다.

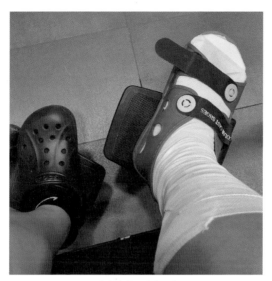

당시 다리 부상의 모습

2017년, 새 정부가 들어오면서 인플레이션과 유동성 자금이 많은 걸 감지할 수 있었습니다. 이상하게 돈은 나와 내 주변만 없고 세상에는 돈이 너무 많이 있음을 부자 동네를 통해 알 수 있었습니다. 심지어 경기권에서는 토지보상금이 많이 풀려서 과수원 하던 친구가 귀금속을 주렁주렁 달고 모임에 나온 것을 목격합니다. 모임에 있던 친구들은 모두 부러워하거나 배 아파하거나 자신의 시댁을 욕하는 게 전부였습니다.

하지만 저는 친구에게 보상받은 정확한 주소를 물었습니다. 경기도 시흥이었습니다. '그곳에 보상이 이루어지고 있고 돈이 많이 풀렸구나, 그렇다면 이곳을 공략해서 경매를 받아야겠군. 그 돈이 흘러가는 범위는 모두 상승장의 맛을 보겠군.' 이렇게 생각했습니다. 어떠신가요? 다음과 같은 상황일 때 어떤 선택을 하실 건가요?

샘이 날 수도 있지만 그건 잠시이고, 무능력한 남편의 월급을 탓해보았자 내 속만 아프지요. 그렇다면 그 순간 내 돈을 불리는 방법을 모르는 자신의 잘못은 없는지 곰곰이 생각해 보는 건 어떤가요? 발품과 현장 임장은 하루 세 끼를 먹는 것과 같은 일상입니다. 이것이 부동산으로 부자가 되는 방법 중 하나입니다.

아까운 내 시간 내 돈 절약하는 명도 계획과 수익 계산

무기력을 극복할 수 있는 유일한 방법은 열정이다.
-토인비

입찰 전에 하는 손품과 발품 임장 중에 명도에 대해서는 머릿속으로 설계가 끝나야 합니다. 물론 가상대로 진행되는 행운의 물건도 많지만 대부분 가상에서는 없었던 장애물을 만나곤 합니다. 이런 상황이라면 우리에게 주어진 강력한 무기인 '계고와 강제집행'을 사용하여 명도를 끝낼 수 있습니다. 그러나 경매도 어떤 정부를 만나는지에 따라서 법률 해석을 다르게 보는 경향이 있음에 주의해야 합니다.

명도 과정에서 갑자기 점유자를 쫓아내야 하는 상황을 방지하기 위해 계고라는 1차 방문 과정을 거치게 됩니다. 5년 전까지만 해도 계고는 낙찰자에게 유리한 절차 중 하나였습니다. 원만한 대화를 거부하는 점유자의 집 문을 강제로 열고 집 안 잘 보이는 곳에 집행관님이 계고장을 붙입니다. 웬만한 강심장의 소유자 아니면 이제 버틸 만큼 버틴 것을 눈치 채고 그다음은 순조롭게 대화를 통해 해결합니다. 계고는 점유자와 마지막 대화를 시도할 수 있는 중요한 열쇠입니다.

열기 힘든 현관 잠금장치로 인해 열쇠 수리를 해주시는 아저씨께서 낙찰차의 차지붕을 밟고 창문을 넘을 때도 있었습니다. 그 후 거실 벽에 붙은 계고장을 보고 점유자에게서 연락이 왔고 강제집행까지 진행되는 불상사를 막을 수 있는 잘 마무리된 명도 사례입니다.

그러나 문재인 정부가 시작된 후로 계고 과정에서 점유자가 안에 있으나 문을 안 열어 줄 때나 부재 시 예전처럼 강제로 문을 열고 들어가는 행동을 할 수 없게 되었습니다. 인권을 먼저 생각한다는 취지로 바뀌었고 문밖에 붙여진 A4 서류 한 장은 위엄이 없게 되었습니다. 계고의 원래 목적성을 잃어버린 듯했지요.

현장을 나간 집행관은 현관문 앞에 계고장을 붙이고 오는 절차만으로 마무리합니다. 낙찰자 입장에서는 훌륭한 절차 한 가지를 잃어버린 경우라 할 수 있습니다. 이런 이유로 요즘 대화가 안 되는 점유자는 강제집행으로 가는 상황이 많아진 듯합니다.

또 다른 물건 명도에서는 계고 당시 방 창문 틀에 앉아 있는 점유자의 반려동물을 만났습니다. 낯선 사람들의 갑작스러운 방문인데도 한 번도 짖지 않는 강아지를 보고 매우 슬펐습니다. 여기서 한 가지 알려드릴 팁이 있습니다. 강제집행 시 점유자가 키우는 반려동물은 우리에게 책임소재가 전가될 수 있으므로 주의해서 다뤄야 합니다. 생명을 가진 반려동물을 컨테이너 화물칸에 살림과 함께 보관할 수 없습니다.

힘들게 진행되었던 계고 과정의 모습

명도가 매번 강제집행으로 진행된다면 경매하는 사람들이 이렇게 많진 않겠죠. 아직까지 우리나라 국민 정서상 점유자의 고초를 이해하고 배려하면 대화로 원만히 해결됩니다. 그러므로 명도 걱정보다는 나의 낙찰의 수익 극대화를 위한 고민이 우선시 되어야 하겠습니다.

CHAPTER 4

부동산 이슈를 활용하여
경매로 수익 올리기

갭이 적어도 의미 있는 물건은 이런 것

> 겨울의 추위가 심할수록 이듬해 봄의 나뭇잎은 한층 더 푸르다.
> 사람도 역경이 없으면 큰 인물이 될 수 없다.
> - B. 프랭클린

다주택자가 되기까지 어느 시기까지는 매번 현금이 부족했습니다. 5백만 원밖에 없던 시기에는 마음의 용기도 5백만 원 크기 정도 밖에 없었습니다. 쓰리 잡을 뛰면서 5백만 원을 5천만 원으로 10배 불린 후 용기도 10배 더 생겼습니다.

지금의 자산이 형성되고 조심성과 용기는 합해서 1600배 상승했습니다. 이 물건은 수익이 나는 물건을 보는 눈이 생기고 결과물까지 이끌고 갈 수 있는 인내도 있는 제가 놓칠 물건이 아닙니다.

6호선 증산역에서 물건지까지의 거리가 300미터 안쪽입니다. 600미터가량 되면 마을버스로 두세 정거장입니다. 저는 여기까지를 역세권이라 봅니다. 절대 전력 질주로 뛰어야 역 출구까지 8분 안에 도착하는 위치를 역세권이라 말하지는 않습니다. 역 출구에서 200미터가량 떨어진 곳이면

077

일명 '초초역세권'이라 합니다. 집까지 가는 동선에 유해 시설이 하나도 없어서 가족이나 여성이 입주하기에 최적인 집입니다. 투 룸이라는 단점은 있으나 구옥이라서 두 개의 방 중 신축빌라 안방만 한 것이 작은 방입니다. 세 명의 가족은 충분히 살 수 있는 투 룸인 걸 감안해서 인테리어를 진행합니다.

입찰 당일, 낙찰하는 날까지 많은 이들이 입찰하지 않을 것 같은 상황을 감지합니다. 투 룸에 구축 빌라이니 한 번 유찰시키는 걸 마땅하다 여기는 분위기 같습니다. 그건 이론적인 데이터 분석일 때 가능한 입찰가입니다. 이 지역은 한 정거장 전에 DMC 역을 두고 있습니다. 디지털 미디어 시티Digital Media City, 일명 일자리가 형성된 역입니다.

한 정거장만 가면 예쁜 투 룸이 가격 면에서도 전세가가 1억 원이나 저렴하다면 경쟁력에서 승산이 있다고 판단했습니다. 완벽한 플러스 피 물

완벽한 플러스 피 물건

건입니다. 그러나 단독일 것으로 예상한 입찰 물건에 세입자가 입찰합니다. 딱 본인의 전세가 만큼만 입찰가를 써서 '피 같이 아까운 자기 돈을 주인의 채무 탕감에 쓰지 않겠다'는 굳은 의지를 보입니다.

혹시 모를 한 명의 입찰 경쟁자를 염두에 두고 경매 진행 비용에 전세금을 더한 금액으로 입찰한 우리의 금액이 낙찰가입니다. 세입자는 경매를 신청한 채권자입니다. 본인들이 어차피 가져가는 돈인데 거기에 경매 진행 비용을 더하는 생각을 못 한 것이 패찰의 원인입니다.

세입자는 이 집을 명도해주면서 구리 지역 아파트로 이사를 했습니다. 꼭 내 집을 사서 이사 가라고 조언을 해주었지만 전세에 익숙하다고, 빌라는 지긋지긋하다고 먼 지역 아파트에 전세로 이사했습니다.

세입자에게 아주 미안한 상황이긴 하지만 아직 전세가 편한 부부이기에 맘 편히 명도할 수 있었습니다. 패찰하고 가는 세입자의 뒷모습을 보면서 느꼈던 미안함은 이사 갈 때까지 기간을 넉넉히 주는 배려로 대신했습니다. 낙찰된 후 얼마 지나지 않아서 중산역을 가운데 두고 마주 보는 지역이 '증산 4구역'이라는 도심 공공 주택 복합 사업을 발표합니다.

재개발 지역에 들어가도 좋고 주변에 위치한다면 재개발 지역의 멸실로 인하여 주택이 귀해지는 수혜를 봅니다. 완벽한 수익을 위해 반전세로 세팅했던 물건의 몸값이 올라가는 소리가 들리는 것 같습니다. 예상과는 다르게 DMC 일자리 청년을 세입자로 기다렸는데 이태원에서 6호선으로 오신 자매님들이 임차인이 되었습니다. 집이 마음에 들기 때문에 일자리와 멀어지는 걸 감수하고 6호선을 타고 왔다는 것이 세입자의 계약 이유였습니다.

신기하게도 임대주택을 예쁘게 단장하고 세입자를 기다리면 집에 딱 맞는 세입자가 계약합니다. 매번 그랬습니다. 집을 깔끔하게 새로 단장해 주면 그 집을 알아봐 주는 세입자를 만나고 그에 맞는 인연이 찾아옵니다.

지도 상의 증산 4구역

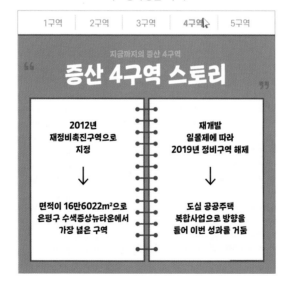

갭이 없지만 미래가치는 무한대 물건

신은 우리가 성공할 것을 요구하지 않는다. 우리가 노력할 것을 요구할 뿐이다
-마더 테레사

지난 대선은 '누가 헌 집을 새집으로 빠르게 바꿔주는지'가 중요 포인트였습니다. 오래된 집이 많은 지역은 재개발이고, 오래된 아파트가 많은 지역은 재건축을 하게 됩니다. 헌 집 중에서도 더 오래된 헌 집을 보면 빨간

소 재 지	서울				
경 매 구 분	임의경매	채 권 자	케OOOO		
용 도	다세대	채무/소유자	에OOOOOOO / 남OO	매 각 기 일	
감 정 가	101,000,000 (19.11.29)	청 구 액	100,000,000	종 국 결 과	21.02.04 배당종결
최 저 가	80,800,000 (80%)	토 지 면 적	21.0㎡ (6.4평)	경매개시일	19.11.01
입찰보증금	8,080,000 (10%)	건 물 면 적	32㎡ (9.8평)	배당종기일	20.02.03
조 회 수	·금일조회 1 (0) ·금회차공고후조회 37 (19) ·누적조회 207 (28) ·7일내 3일이상 열람자 7 ·14일내 6일이상 열람자 4			()는 5분이상 열람 조회통계 (기준일·2020·11·26/전국연회원전용)	

미래 가치를 중점으로 투자했던 물건

벽돌로 된 다세대 빌라가 아직 많이 보입니다.

　서울 주소를 쓰고 있어도 공시지가가 1억 원 미만이라서 다주택자에게 취·등록세 중과를 하지 않는 이점이 있는 구옥이 있습니다. 주로 이렇게 공시지가가 저렴한 부동산은 언덕 높은 곳, 산이라 말할 수 있는 고지대에 위치해 있거나 평지에 있다면 다세대 같은 동에서 가장 아래층을 쓰는 반지하에 위치하고 있는 게 보통입니다.

　앞 페이지 경매 물건은 공시지가 1억 원 미만이라는 장점을 가진 빨간 벽돌 빌라인데다가 평지에 있었습니다. 그렇다고 해서 반지하에 있는 물건도 아니었습니다. 주변에 학교도 많아서 학생이 있는 가정도 불편 없이 살 수 있고, 집 앞을 지나가는 마을버스를 타면 1호선과 2호선을 쉽게 탈 수 있습니다. 버스 정거장이 3분 거리에 있는 위치가 아주 좋은 구축 빌라였습니다. 보너스로 버스 정거장 앞에 전철이 들어올 예정이며 전철 노선과 함께 쇼핑몰이 들어올 호재를 안고 있습니다.

　서부트럭터미널 개발사업의 속도가 점점 올라가고 있습니다. 사업 시행 사에서 '도시 첨단물류단지 계획안'을 수립해 서울시에 제출했다고 합니다. 지난 2016년, 서부트럭터미널은 국토교통부로부터 '도시 첨단물류단지' 시범단지 6곳 중 한 곳으로 선정되었고, 선정된 곳은 도심 터미널부지 등에 민간자본으로 복합단지, 빌딩을 건설하여 낙후된 물류/유통시설을 물류/유통/첨단 산업 융복합 단지로 재정비할 수 있도록 만든 제도를 시행합니다.

　시범단지 선정 이후, 기피 시설로 인식된 터미널 주변에 주민을 위한

입지가 좋으면서 개발 이슈도 있는 빌라 전경

인프라 시설을 넓혀 지역 발전을 희망하였지만, 제도적 해석의 문제가 생겨 5년이 넘는 시간 동안 갈등으로 인해 속도를 내지 못했습니다.

양천구는 미래형 첨단 물류 복합단지로 조성하기 위해 여러 차례 협의를 거쳤고, 사업시행자는 서울시에 승인을 신청했습니다. 통합심의를 거쳐 2026년 12월 준공을 목표로 본격적인 사업 추진을 계획하고 있습니다. 이런 구축 빌라에는 아무래도 연세가 지긋하신 어르신이 거주하시는 편이라서 명도만 예의 있게 진행한다면 미래가치가 아주 훌륭한 경매 물건입니다.

물건을 낙찰받는 날 경매법정에서 경쟁자로 보이는 아주머니를 쉽게 알아볼 수 있었습니다. 낮말은 새만 듣는 게 아닌데 누가 봐도 알 수 있는 대화를 하고 있는 그분 덕분에 처음에 생각하고 온 입찰 가격보다 조금 더 쓰기 위해 새 종이를 챙기고 입찰서를 쓰는 창구에 들어갔습니다.

역시나 그 아주머니도 입찰에 임하셨고 경쟁자 출몰을 눈치채고 막판에 입찰금을 고친 덕분에 낙찰받습니다. 명도하는 과정에서 알게 된 사실이지만 그 아주머님은 현 소유자(채무자)이셨고, 본인 집을 다시 경매로 낙찰 받기 위해 입찰 법정에 오신 겁니다.

채무자는 입찰에 참여할 자격이 없습니다. 그 사실을 안 채무자 아주머니는 아들의 명의를 가지고 대리입찰을 오신 겁니다. 본인이 끝까지 지키고 싶은 집이었기에 명도 과정에서 약간의 저항은 있었지만 낙찰받고 수익 내는 상황에서 그 정도의 스트레스는 과정이라 생각하며 넘겼습니다.

빚으로 본인의 거주지를 뺏기는 분을 이해하면 미운 감정도 안 생깁니다. 빨간 벽돌로 지어진 빌라들은 그 안에 사정도 별반 다르지 않습니다. 약간의 인테리어를 해야 하는 상황이라서 살짝 내부 벽을 건들기만 해도 벽체가 우르르 부서지는 일도 발생합니다. 이 빌라는 내부에 쓸 때 없이 거실을 답답하게 하는 천정에서 반쯤 내려온 축대가 있었습니다.

그것을 '철거할까? 아니야 긁어 부스럼은 처음부터 손대지 않는 거야!' 두 마음이 갈등하다가 '한 번 손댈 때 예쁘게 만들어 주자'로 결정했습니다.

역시나 집안의 철거 과정은 주변 일대의 소음으로 많은 민원 앞에 여러

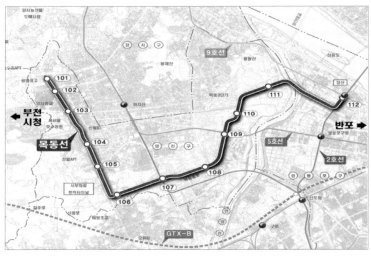

목동선 노선도　출처〈양천구〉

양천구 신정동 서부트럭터미널 개발 조감도　출처〈파이낸셜뉴스, 서부t&d〉

번 사과하면서 해나가는 어려움이 있었습니다. 공사 전에 준비한 선물을 전 세대에 돌렸지만 상상 이상의 소음을 견디기에는 역부족일 겁니다. 매 번 경매로 낙찰받은 집을 예쁘게 만들어 주고 싶은 마음이 강해서 언제나 치러야 하는 고초 중 하나입니다.

경매 한 번으로
1억 원의 수익 내기

시간을 갖고 심사숙고하라. 하지만 행동할 시점이 오면 생각은 그만두고 뛰어들어라.
-나폴레옹 보나파르트

경매하는 사람들 입장에선 입찰금이라면 참 적은 비중의 돈입니다. 입찰금만 있다는 것은 필요한 돈의 10%만 있다는 의미입니다. 거기에 부대 비용까지 계산한다면 5% 정도만 있다고 봐도 무방합니다. 물건번호가 2020으로 시작하는 것은 감정을 2020년도에 받았다는 뜻입니다.

하루가 다르게 상승하는 장에서는 감정 당시와 입찰 시점 잔금을 모두 내는 시점까지의 가격 변동을 예측해야 합니다. 임장 경험이 없고, 좋은 부동산을 가릴 수 있는 안목도 없으면 추운 겨울 임장은 정말 혹독한 인고의 시간입니다.

그러나 2020년을 마감하는 12월 겨울, 추위를 이겨내며 임장을 다니는 청년이 있습니다. 많은 수익이 눈에 보이는 빌라를 마음속에 꽁꽁 숨겨놓고 있다가 이 물건을 그에게 보냅니다. 상상의 나래 속에서 억 단위의 수익이 보이던 물건입니다. 공시지가 1억 원 이하입니다. 다주택자는 이런 집을 서울에서 찾기 어렵습니다. 공시지가 1억 원 이하는 취·등록세를 1%만 낼 수 있는 혜택이 있습니다. 12%를 내야 하는 다른 물건은 비용이 많이 부담스럽지만 이런 물건은 보석과도 같습니다. 거기에 더해서 그 동네는 전세가 귀하고 쓰리 룸이 드뭅니다. 있다고 하더라도 꽤나 비싼 전세가를 형성하고 있습니다. 12월 8일, 그 청년은 단독 낙찰에 1억2천7백6십만 9천1백 원으로 쓰리 룸 빨간 벽돌 빌라의 주인이 됩니다. 단점이라면 언덕에 위치한 집이고 엘리베이터 없이 4층까지 올라야 한다는 겁니다. 언덕에 있다는 단점은 집 앞까지 전철역에서 마을버스를 타고 오는 편리한 교통이 상쇄해 주었고, 4층이라는 단점은 서울 전경이 내려다보이는 전망이 좋다는 점으로 상쇄됩니다. 한번 이 집을 보러오기만 한다면 바로 계약서를 쓸 수 있게 인테리어를 해야 했습니다.

역시, 오래된 집 인테리어는 만만치 않습니다. 이곳저곳에서 누수가 발생하고 전기는 과거의 용량을 가지고 있어서 가전제품 몇 개만 같이 꽂아도 전압기가 차단되었습니다. 여기서 포기하면 우리에게 억대 수익은 없습니다. 이런 문제는 포기하지만 않는다면 다 해결됩니다. 우리나라는 기술이 아주 좋은 이웃들이 많은 민족입니다. 기술 좋은 분을 섭외해서 일을 부탁할 수 있는 검색 능력만 있으면 됩니다.

이 부분에서 계속 의문점이 생기시죠? 입찰금만 있던 청년은 잔금을 어찌 다 내었을까요? 본인이 받을 수 있는 신용 대출과 제가 소개한 경매 잔금 P2P를 활용하여 잔금 납부를 무사히 했습니다. 돈을 탈탈 바닥까지

굵어도 잔금 내는 데 다 쓴 청년을 위해 외상 인테리어를 반 셀프로 해줍니다. 인테리어 업체에 맡길 만큼 여력이 없는 집주인을 살짝 도와주었습니다. 그 결과 인테리어가 끝나기 2일 전, 2억5천만 원 보증금에 세입자를 맞이합니다. 청년은 다음 물건을 입찰할 수 있는 자금이 생겼습니다. 위

소 재 지	서울				
경 매 구 분	임의경매	채 권 자	이OOOOOOO		
용 도	다세대	채무/소유자	윤OO	매 각 기 일	
감 정 가	126,000,000 (20.03.23)	청 구 액	92,169,616	종 국 결 과	21.03.04 배당종결
최 저 가	126,000,000 (100%)	토 지 면 적	19.9㎡ (6.0평)	경매개시일	20.03.17
입찰보증금	12,600,000 (10%)	건 물 면 적	34㎡ (10.3평)	배당종기일	20.05.27
조 회 수	·금일조회 1 (0) · 금회차공고후조회 58 (21) · 누적조회 243 (21) ·7일내 3일이상 열람자 6 · 14일내 6일이상 열람자 3			()는 5분이상 열람 [조회등계] (기준일·2020-12-08/전국연회원전용)	

4층 빌라에서 바라 본 전경

물건에서 1억 원가량의 수익이 발생했고 원래 있던 입찰금까지 회수했으니 다음 입찰할 때 든든한 종잣돈이 되었을 겁니다. 그 후 그는 스스로 해보겠다고 홀로서기를 했으니 시행착오 없이 경매와 좋은 인연이 되었길 바랄 따름입니다.

인테리어를 통해 말끔해진 테라스의 모습

인테리어를 통해 우아해진 거실 분위기

지금 당장 눈여겨봐야 할
GTX-A 관련 투자

> 바로 지금이다. 지금이 바로 당신의 삶이고, 지금보다 더 좋은 순간은 다시 오지 않을 것이다.
> -개리 비숍, 《시작의 기술》

이번 대선 공약 발표에도 GTX 노선이 가장 많이 등장했었습니다. 그만큼 GTX가 미래 교통망으로 수도권의 판도를 바꿀 교통수단임에 틀림이 없습니다. 그러나 사업 속도 면이나 노선의 확정 면에서 언제쯤 내 집 앞을 지난다는 확신은 없습니다. 그나마 A 노선은 착공이 이루어졌고 2024년 개통을 향해 순조롭게 공사 중인 것이 장점입니다.

B도 좋고 C도 좋고 D도 좋습니다. 그러나 가장 빠른 속도를 보이는 A부터 관심을 갖는 게 맞습니다. A 노선 개통 예정인 킨텍스 역에는 신축아파트만 있어서 투자금이 어마어마합니다. 또 다른 예정지 대곡역은 그린벨트로 묶인 토지에 투자해야 합니다. 물론 경매로 나올 가능성이 희박합니다.

그렇다면 투자금이 소액밖에 없다면 연신내역을 걸어 다닐 수 있는 위

소 재 지	서울				
경매구분	강제경매	채 권 자	최OO		
용 도	다세대	채무/소유자	이OO	매 각 기 일	██ ██.██
감 정 가	220,000,000 (19.07.16)	청 구 액	149,294,475	종 국 결 과	20.12.21 배당종결
최 저 가	176,000,000 (80%)	토 지 면 적	26.3㎡ (7.9평)	경매개시일	19.07.11
입찰보증금	17,600,000 (10%)	건 물 면 적	55㎡ (16.6평)	배당종기일	19.09.24
조 회 수	·금일조회 1 (0) ·금회차공고후조회 49 (18) ·누적조회 293 (26) ·7일내 3일이상 열람자 10 ·14일내 6일이상 열람자 5			()는 5분이상 열람 조회동계 (기준일:2020-10-27/전국연회원전용)	

갈현 재개발 구역(갈현 1구역)의 인접 물건

의 물건을 놓치면 안 됩니다. 연신내역은 역 출구를 열십자로 봤을 때 동서남북 전부 개발 지역입니다.

물건지 주변에는 갈현 재개발 구역(갈현 1구역)이 인접해 있어서 조만간 멸실이 많아질 예정입니다. 재개발 안에 들어가면 새 아파트를 받으면 되고, 못 들어가는 인접 지역이면 이주 수요를 받으면 됩니다.

재개발 진행도 기대되는데 이게 무슨 행운입니까? 쓰리 룸 빌라의 감정가가 현실보다 많이 낮게 책정되어 있습니다. 전세 임대를 놓으면 완벽한 플러스 피 투자가 될 것을 예상했습니다. 빌라의 가격은 현장 부동산 가격을 꿰뚫고 있을 때 오는 행운입니다. 감정가 자체도 저렴한 물건인데 겁 없이 한 번 유찰시켜서 1억9천만 원 아래 금액으로 낙찰받습니다.

인근 신축 빌라의 전세가가 높다는 조사 하에 그보다 1억 원쯤 저렴하게 부동산 중개소에 매물을 등록하면 쉽게 계약이 될 것이라 예상했습니다. 역시 인테리어를 하는 도중에 예술가인 세입자를 만납니다. 멀리서 이사 오시는 이유가 집이 딱 마음에 들기 때문이었습니다.

전세가는 3억 원에 계약합니다. 취·등록세 비용과 인테리어 비용이 1억 원을 넘지 않으니 완벽한 플러스 투자이겠지요.

임대를 놓기 위해 가상의 세입자를 상상하고 인테리어를 합니다. 가장 기분이 좋을 때는 상상하던 그런 분이 계약하는 날 나타나신다는 겁니다. 연신내 역세권 빌라의 세입자와는 인스타그램 친구로 지내면서 안부도 묻고 선물도 주고받는 사이가 되었습니다. 내가 정성을 들인 집이 좋은 새 주인을 만나고, 많이 사랑해 주면서 지내는 사실만으로도 행복합니다.

임대인에게 과한 세금만 징수하지 않는다면 개발 소식이 있어서 멸실 되는 상황 전까지 임대료 상승 없이 이 집을 아껴 줄 좋은 분들이 사셨으

GXT 노선 A 주요 역   출처 〈e대한경제〉

면 좋겠습니다. 결론은 GTX-A는 공사 현재진행 중이고, 경매라는 훌륭한 거래 덕분에 쓰리 룸 빌라는 저렴하게 저의 집이 되었습니다. 미래가치를 짧은 시간에 경험할 수 있는 소중한 결과물입니다.

늘 염두에 두어야 할
GTX-C 관련 투자

> 자신이 삶에서 무엇을 바라는지 정확히 안다면, 이미 그것으로 나아가는 여정을 시작한 것이다.
> -나폴레온 힐

돈이 없습니다. 말하자면 투자를 계속하고 싶은데 투자금이 자꾸 없어지고 있습니다. 그럼 이쯤에서 투자를 접고 다른 일을 알아보든지 파이어족(경제적 자립을 통해 이른 시일 내에 은퇴하려는 사람)을 선언해야 할까요? 벌어 놓은 자산으로 낮에는 카페에서 브런치를 먹으며 날씨 좋은 날은 야외로 골프를 치러 다니는 삶은 어떤가요? 그러나 저는 일하는 것이 좋고 돈을 쓰는 일보다 버는 일에 익숙합니다.

일상처럼 물건 검색을 하다 보면 보석 같은 것들이 보입니다. 돈이 불어나는 물건, 즉 플러스 투자 물건이 또 보였습니다. 입찰금 9백2십4만 원을 준비합니다. 낙찰이 되면 이자는 비싸지만(연 10% 이율) 명도하는 기간까지 이자를 지불하고 전세를 맞추면 내 자본이 불어나는 마술 같은 물건입니다.

소 재 지	경기				
경매구분	임의경매	채 권 자	효0000		
용 도	다세대	채무/소유자	한OO / 임OO	매 각 기 일	
감 정 가	132,000,000 (20.05.11)	청 구 액	70,803,539	종 국 결 과	21.05.27 배당종결
최 저 가	92,400,000 (70%)	토 지 면 적	23.1㎡ (7.0평)	경매개시일	20.04.28
입찰보증금	9,240,000 (10%)	건 물 면 적	36㎡ (10.8평)	배당종기일	20.07.13
조 회 수	· 금일조회 2 (0) · 금회차공고후조회 32 (23) · 누적조회 290 (45) · 7일내 3일이상 열람자 7 · 14일내 6일이상 열람자 0			0는 5분이상 열람 조회통계 (기준일·2021·03·04/전국연회원전용)	

교통이 편리한 상업 지구 내의 물건

수원역과 매교역 사이에 위치해서 교통도 편리하고 용도가 상업 지구여서 개발을 바라보는 지역의 투 룸입니다. 임장 중에 내부는 볼 수 없는 걸 전제로 하고 외부 상태를 확인합니다. 혹여 낙후된 지역이라서 범죄에 쉽게 노출되는 할렘가는 아닌지와 주차가 가능한 상황인지 등 전체 관리 상태를 점검하러 다녀옵니다.

수원은 가깝지 않은 경기도 인지라 한 번 갔을 때 입찰을 결정지을 만큼 자세히 봅니다. 경매 공고 사진보다 건물 상태와 동네가 아주 좋습니다. 이 정도면 바로 세입자가 계약할 수 있는 수준입니다. 주차도 넉넉한 빌라는 처음 봅니다(그 뜻은 빌라의 지분이 많다는 것을 의미할 수 있습니다. 나중에 개발이 될 때 지분이 많은 집이 좋습니다). 입찰가를 아주 신중하고 예리하게 잘 결정해야 합니다. 한 번 유찰된 물건이라서 분명 경쟁자는 있습니다.

예상대로 입찰에 다수의 경쟁자가 있었고 후순위 아주머님들이 낙찰자에게 말을 걸어옵니다. 아주 적은 금액으로 낙찰을 뺏겨서 많이 속상하신지 왜 이런 가격을 썼냐고 질문하십니다. 매번 듣는 질문입니다. 어떤 통계로 그 가격을 써서 낙찰받았냐고요? 그냥 통계는 머릿속에 있어서 '2등이 이 금액을 쓰겠군. 그렇다면 난 더 쓰면 낙찰이야' 하는 감으로 진행했습니다.

보통 '경매를 한다'는 것은 주변 부동산에 가서 비슷한 부동산의 매물을 확인하는 과정부터 진행합니다. 그 과정에서 들을 수 있는 중개인들의 브리핑은 거기서 거기입니다. 낙찰 후 내 부동산을 다시 매물로 내놓을 때 임장 과정에서 친절하게 성심성의껏 브리핑해 주는 부동산 중개인은 잘 기억해 두었다가 내 부동산도 그곳에 내놓습니다.

미래 가치를 내다보아
새아파트를 분양받다

지난 시세에 연연하지 마라. 성공전략은 남들과 반대로 하는 것이다.
-앙드레 코스톨라니

2010년 지금의 오세훈 서울시장이 재임했던 시절이 있었습니다. 그 시기에 해당 집은 뉴타운 지역이었고 4억8천만 원에 거래되던 소위 잘나가던 곳입니다. 하지만 뉴타운이 무산되면서 가격이 곤두박질쳤고 반값에 낙찰 받는 행운이 왔습니다. 아무리 제값을 못 하는 처지가 된 물건이지만 위칫값, 즉 입지가 탄탄한 물건에 대한 확신이 있었습니다. 500미터 안에 서울역 출구를 두고 있는 역세권 개발이 가능한 위치입니다.

　서울역은 앞으로 GTX-A노선과 B노선, 신분당선, 신안산선, 수색~금천구청 고속철도 등 5개 노선이 추가로 들어올 예정입니다. 현재 서울역에는 지하철 1·4호선, 공항철도, 경의중앙선 4개를 비롯해 KTX, 버스 환승센터가 마련되어 있어 새로운 노선이 개통되면 철도망만 9개에 달하는 서울의 최고 교통요지로 자리 잡을 예정입니다. 또한 한화호텔, 용산공원

소 재 지	서울				
경매구분	임의경매	채 권 자	영0000		
용 도	다세대	채무/소유자	이00	매각기일	
감 정 가	289,000,000 (17.03.02)	청 구 액	255,470,107	종 국 결 과	17.12.06 배당종결
최 저 가	231,200,000 (80%)	토 지 면 적	29.0㎡ (8.8평)	경매개시일	17.02.21
입찰보증금	23,120,000 (10%)	건 물 면 적	22㎡ (6.6평)	배당종기일	17.05.04
조 회 수	·금일조회 1 (0) ·금회차공고후조회 87 (34) ·누적조회 571 (76) ·7일내 3일이상 열람자 9 ·14일내 6일이상 열람자 2			0는 5분이상 열람 조회통계 (기준일·2017·10·17/전국연회원전용)	

서울역 근처 빌라 임장사진

〈정비사업조합총회〉 진행 중

등 예정되어 있어 서울 개발의 중심이라고 볼 수 있습니다.

서울역 인근에 지분이 9평가량이라는 건 평당 5천만 원만 계산해도 집값을 가늠할 수 있습니다. 서울 도심의 심장을 9평 갖는 셈입니다. 현재 이 빌라는 가로주택 정비사업을 순조롭게 추진 중이고, 빠른 속도로 인하여 조만간 이주를 진행할 예정입니다.

정비사업이 순조롭게 진행되는 동안 한국철도 공사(코레일)의 용산역 개발프로젝트를 뒤잇는 서울 북부역 역세권 개발사업이 입찰 마감했습니다. 서울역 북부 유휴부지 개발사업 입찰에 삼성물산-미래에셋, 한화, 롯데건설-메리츠 컨소시엄 등 총 3개 사업자가 참여했습니다.

미래에셋이 FI(재무적투자자)/SI(전략적투자자), 삼성물산은 CI(건설투자자), HDC산업개발이 일부 시공과 현대아이파크몰 입점, 그리고 이마트는 마트 입점을 위해 참여한 것으로 알려졌습니다. 호텔은 메리어트 체인을 입점시킬 계획이라고 합니다.

한화는 계열사들로 건소시엄을 구성했습니다. 한화건설/한화 역사(CI), 한화생명/한화증권/한화자산운용(FI), 한화리조트/ 한화갤러리아(SI)로 구성된 컨소시엄은 그룹 차원의 역량을 총동원해 한화그룹 타운으로 만들려는 계획으로 참여한 것으로 알려졌습니다.

장사꾼인 대기업이 남는 것이 없거나 적은 사업에 이렇게 경쟁을 벌일까요? 물론 내가 입지 보는 눈이 없다고 가정해본다 해도 대기업이 맹수처럼 달려들어 먹이를 쟁취하려는 싸움에는 항상 등 위에 올라타고 그 지역에 내 지분을 확보하는 전략을 구사하시길 바랍니다.

서울역 북부역세권 개발사업 조감도　출처 〈서울시 사진 제공〉

'자본금이 부족해서 나는 못해…'라고 변명을 하지만 않는다면 경매로 수익 내는 다양한 방법은 늘 있으니까요.

앞서 언급한 빌라의 앞 호실 아주머님은 매일 아침 부지런히 남산공원을 산책하십니다. 몇 년 뒤면 새 아파트에서 사실 날을 기다리면서 건강을 관리하신다고 합니다. 걷는 것만으로도 행복한 것이 남산 근처에 사는 이유입니다.

내 집이 새 아파트로 다시 태어나기 위해 준비하는 동안 집 앞은 대기업들이 치열한 경쟁으로 새롭게 바꿔 줄 준비를 합니다. 낙찰받던 그날을 떠올리면서 뿌듯함과 감사한 마음이 다시 한번 들게 합니다. 임장 시 서

계동 언덕을 힘들게 걸어 다녔던 경험과 잔금이 부족해서 전전긍긍하던 과거에 대한 값진 보상입니다.

07

재개발 이슈로
투자 수익을 내다

내 안에 감사함이 충만하면 에너지 파장이 편안해진다. 편안한 사람은 어딜 가나 환영받는다.
-정회도(타로 마스터)

광명시 하안동은 제가 개인적으로 좋아하는 동네입니다. 어린 시절 추억 속에 선망하던 아파트였습니다. 그래서인지 어른이 되고 경매를 할 수 있게 되었을 때 하안주공 아파트의 주인이 되고 싶었습니다. 물론 미래가치는 기본입니다.

같은 단지 중 로열동과 로열층이면서 단지 내 초등학교 바로 옆에 있는 동입니다. 몇 년 뒤 아파트 앞으로 지하철이 들어온다는데 그 정도는 신경도 안 씁니다. 신건에 입찰해서 3억3천만 원으로 2등과 2백만 원 차이가 나는 낙찰을 받습니다. 운 좋은 낙찰인지라 그다음 올 시련은 이겨내려 단단히 마음을 먹습니다. 충분히 대화가 잘 된 점유자가 이상하게 강제집행을 원했습니다. 자세한 이야기는 전 소유주의 개인 사정인지라 할 수 없지만 10여 년을 경매해도 매번 다양한 사례는 경매를 쉽게 보지 말

재건축 안전 진단 통과 플래카드가 걸린 모습

라는 경고 같았습니다.

　다만 강제집행에서 발생한 비용과 밀린 관리비를 정산하고도 전세금이 높아서 수익을 돌려받은 플러스 투자로 마무리 합니다. 전세는 4억 원에 계약했습니다. 인테리어는 도배만 하였기 때문에 최소비용만 들었습니다. 아파트의 소유권을 가지는데 돈을 투자하지 않았고, 지금은 재건축 현수막을 하안동에서 제일 먼저 단지에 걸었습니다. 충분히 그다음 진행 상황을 기다릴 수 있는 힘이 있는 투자입니다.

08

리모델링 이슈를 활용해
현명한 투자로 만들기

부란 인생을 충분히 경험할 수 있는 능력이다.
-헨리 데이비드 소로

수원은 경기도에서 신도시(분당, 판교, 일산, 평촌)와는 다른 특징을 가진 도
시입니다. 수원에 임장을 다니다 보면 수원시가 아닌 수원도가 아닌가 싶
을 정도로 도시가 자치구 느낌이 강합니다. 광교와 같은 신도시와 수원
왕갈비를 먹으러 가는 구도심이 완전히 다른 느낌을 줍니다.

여느 경기도 1기 신도시처럼 재건축 연한이 도래하는 아파트 단지가
수원에 많은데 수원 영통지구는 리모델링 사업에 더 적극적입니다. 영통
지구는 왼쪽으로 삼성 사업장의 일자리, 위쪽으로는 영흥공원 개발, 오른
쪽으로는 경희대학교 국제캠퍼스가 자리 잡고 있습니다. 일자리, 숲세권,
교육, 서울을 한 번에 가는 광역버스 교통망 등을 모두 갖추었지만 수도
권에서 저평가된 보기 드문 지역입니다.

구축이 많은 영통지구는 순차적으로 리모델링을 준비 중입니다. 그중

소 재 지	경기				
경매구분	임의경매	채 권 자	전○○○		
용 도	아파트	채무/소유자	고○○	매 각 기 일	
감 정 가	407,000,000 (20.01.31)	청 구 액	353,876,162	종 국 결 과	21.04.29 배당종결
최 저 가	407,000,000 (100%)	토 지 면 적	45.7㎡ (13.8평)	경매개시일	20.01.20
입찰보증금	40,700,000 (10%)	건 물 면 적	85㎡ (25.7평) [33평형]	배당종기일	20.04.07
조 회 수	• 금일조회 1 (0) • 금회차공고후조회 157 (57) • 누적조회 351 (57) • 7일내 3일이상 열람자 18 • 14일내 6일이상 열람자 11			()는 5분이상 열람 [조회통계] (기준일-2021-03-04/전국연회원전용)	

리모델링으로 미래가치를 높인 투자

제일 선두로 앞장서고 있는 영통 삼성태영 아파트에 경매 물건이 나왔습니다. 리모델링 아파트의 특징은 기존 동을 그대로 쓴다는 점입니다. 수직 증축이라서 같은 동에 층수는 높아지는 점을 고려하여 이 물건에 입찰합니다. 그러므로 저층의 한계를 극복할 수 있는 절호의 기회이지요. 모든 사업에 있어서 선두로 나아간다는 것은 시범적으로 시행됩니다. 각 지자체에서도 호의적인 진행 협조로 인하여 사업의 리스크가 적다는 것도 이 물건에 대한 입찰 포인트였습니다.

이 물건은 16명이 입찰해서 2등과 2천만 원 정도 차이로 낙찰을 받았지만 2022년 현재 시세가 8억에서 8억5천만 원 사이이므로 1년 뒤에 약 2억 원 정도의 상승을 보았습니다. 리모델링을 앞둔 아파트라는 특징을 이해하고 세입자를 맞이하는 인테리어는 최소의 비용을 써서 4인 가족이 입

리모델링 주택사업 조합설립 결의서 제출 안내서　　출처 〈매기스경매플랜〉

주하기에 불편함 없도록 가성비 좋은 인테리어를 합니다. 832세대 대단지 아파트에서 뷰가 좋은 로열층보다 먼저 임대차 계약을 하는 성공적인 투자로 마무리합니다. 지금 시점에서는 안전진단 결과를 기다리며 리모델링의 절차가 순조롭게 진행되고 있습니다.

옆 페이지의 표는 현재 진행되고 있는 수도권 리모델링 단지입니다. 앞으로 리모델링 사업을 하는 구축 단지가 늘어날 것으로 예측합니다.

정부 정책과 무관한
경매의 열기

시작하기 위하여 위대할 필요는 없으나, 위대해지기 위해서는 시작해야 한다.
-지그 지글러

성동구 하면 대부분의 사람은 성수동을 떠올립니다. 부동산 임장이 생활인 저도 응봉동은 아직도 낯선 곳입니다. 응봉동은 금호동과 성수동 사이에 한강을 바라보는 배산임수로 명당자리 중 하나입니다. 응봉동이 아직은 그 가치를 발하지 못하고 있지만, 개발된다면 옥수동만큼의 위상을 떨

> "
>
> [헤럴드경제=박일한 기자] 지난달 29일 서울동부지법 경매4계. 성동구 응봉동 금호동1가 신동아 아파트 60㎡(이하 전용면적)가 처음 경매에 나왔다. 응찰자가 32명이나 몰려 경쟁이 치열했다. 감정가 5억57000만원인 이 아파트는 결국 7억386만원에 입찰한 임모씨가 새 주인이 됐다. 낙찰가율(감정가 대비 낙찰가 비율)은 126.37%까지 치솟았다.
> 6·17부동산 대책 이후에도 경매시장에서 서울 및 수도권 아파트 인기가 뜨겁다. 집값이 계속 오를 것이란 기대로 입찰가를 높여 응찰하는 경매 참여자가 많아 낙찰가율은 19개월 내 가장 높게 치솟았다.
>
> "

소 재 지	서울				
경매구분	강제경매	채 권 자	박OO		
용 도	아파트	채무/소유자	최OO	매 각 기 일	
감 정 가	557,000,000 (19.10.07)	청 구 액	29,412,900	종국결과	20.09.15 배당종결
최 저 가	557,000,000 (100%)	토 지 면 적	28.5㎡ (8.6평)	경매개시일	19.09.25
입찰보증금	55,700,000 (10%)	건 물 면 적	60㎡ (18.1평) [25평형]	배당종기일	19.12.11

조 회 수	·금일조회 1 (0)　·금회차공고후조회 416 (97)　·누적조회 649 (97)	0는 5분이상 열람 조회통계
	·7일내 3일이상 열람자 42　·14일내 6일이상 열람자 18	(기준일:2020-06-29/전국연회원전용)

리모델링 소식지	아파트 리모델링 주택조합	제21-3호 2021.10.27 발행

1　인사말씀

존경하는

입동(효동)이 다가오고 아침저녁으로 기온차가 커지고 있는 시기에 항상 건강에 유의하시고 또한 코로나 예방을 위해 개인위생과 방역지침을 준수하시길 바랍니다.

지난 시공자 우선협상대상자 통보 관련 현대건설 공문발송을 하였고 당 사업의 관심을 비춰온 현대건설에서 회신 공문으로 설계 및 기술검토, 향후 일정 등에 대한 내용으로 조합과 간담회를 요청, 10월 6일에 현대건설 관계자 3분이 참석한 가운데 진행되었습니다.

이에 당 조합은 10월 21일(목)에 개최된 제2차 임대의원회의 제1호 안건 '시공자선정 입찰 결과에 따른 우선협상대상자 지정의 건'에 대한 의결을 거쳐 현대건설을 우선협상자로 지정하고 관계법령에 따라 적법하게 수의계약체결을 위한 입찰을 진행하고 있는 상황을 알려드립니다.

2　2021년 시공자 선정 계획(안)

■ 시공자선정 수의계약 계획(안)

2021년 10월 21일 임대의원 회의 시공자 우선협상대상자 지정 안건 결의	2021년 10월 26일 시공자 수의계약입찰 관련 입찰참여 안내서 공문발송	2022년 1월 시공자 입찰마감 2022년 2월 총회상정안건 결의	2022년 3월 시공자 선정총회 개최 예정

■ 제1차 안전진단 신청 예정

「주택법」 제68조(증축형 리모델링의 안전진단)에 의거하여 당 조합은 제1차 안전진단 진행과 관련한 용역업체 선정을 위해 11월 초 성동구청에 신청 예정임을 알려드리며 조합의 상황을 고려하여 시공자 선정과 안전진단을 동시에 진행하고자 합니다.

칠 곳입니다.

그런 응봉동에 한강뷰를 거실에서 볼 수 있는 소형평형이 경매로 나왔습니다. 앞서 언급되었던 기사에서 언급될 만큼 치열한 입찰 경쟁이 있었고, 126%라는 고가 낙찰을 받게 됩니다. 기사만 읽으신 분들은 혀를 차는 일은 없길 바랍니다. 기사 내용은 겉의 숫자만을 말하고 있습니다. 응봉 신동아 아파트는 리모델링 사업을 추진위원회에서 진행 중이어서 가파른 상승 곡선을 그릴 것을 예감한 고수들의 싸움이었습니다. 이유 없는 과열은 없습니다.

낙찰자는 성공적인 리모델링 사업을 위해서 임원 회의에도 적극적으로 참여하고 있습니다. 아파트 거실에서 보이는 뷰를 아파트값에 포함시

거실에서 보이는 한강뷰

킨다는 걸 한강 주변을 임장해보면 아실 겁니다. 낙찰가에 뷰 값까지 넣었다는 건 우리만 아는 비밀입니다. 앞으로 리모델링을 한 후에도 동이 바뀌지 않는 리모델링 사업 특성상 옆 페이지 이미지와 같은 멋진 뷰는 계속 누릴 수 있는 호사일 겁니다.

CHAPTER 5

어렵다는 명도,
쉽게 진행하는 법

한눈에 살펴보는
명도 절차

중도에 포기하면 절대 승리하지 못한다. 끝까지 버티는 사람만이 승자가 된다.
-나폴레온 힐

최근 2~3년 사이 낙찰받고 낙찰 잔금을 최대한 빨리 납부한 물건 중 한 달 이내에 명도를 완료한 낙찰 물건이 많습니다. 임대차 계약 시 안전하게 임대보증금을 지키기 위해 전세 보증보험에 가입합니다. 그러면 전입하고 입주해서 살던 집에 경매가 진행되더라도 세입자는 임대보증금을 손해 없이 보호받을 수 있습니다.

보증보험에서 보증금을 받고 퇴거를 한 집에는 임차권이라는 새로운 권리만을 등기부등본에 기록한 후 빈 집을 유지하고 있습니다. 이런 집을 낙찰받게 되면 전 임차인이나 보증보험 담당자와 연락을 취해 세대 비밀번호를 전달받을 수 있습니다.

더불어 생각보다 쉬운 명도 물건이 많아졌습니다. 세입자가 점유하고 있는 물건은 세입자가 배당을 다 받아 나갈 경우 배당일까지 기다려 주면 이사 당일 명도확인서와 인감증명서를 건네주면서 동시 이행으로 집을 명도 받습니다. 여기서 중요한 것은 나의 서류(명도확인서+인감증명서)를 건네주는 것과 명도는 같은 시간에 이루어진다는 겁니다.

세입자 입장에서는 당연히 불편하고 비합리적인 제도일 것입니다. 그러나 만에 하나 서류만 넘겨주고 대상 물건을 명도 받지 못하는 상황이 있을 때를 대비해 꼭 동시 진행을 권장합니다. 채무자(집주인과 채무자가 일치하지는 않음)가 점유하는 경우는 모 아니면 도인 상황이 많습니다. 모의 경우란 이런 것입니다. 경매 결과를 인정하고 자신의 채무를 갚게 되었음을 다행스럽게 여기며 순조롭게 이사 나가는 겁니다. 이럴 땐 서로 대화도 잘 이뤄지고 명도 날짜도 채무자의 이사 날짜에 (너무 무리한 기간이 아니라면 1개월 정도만) 맞춰 강제집행 없이 명도를 완료합니다.

간혹 어디서 잘못된 조언을 듣고 낙찰자에게 이사 비용을 요구하는 경우도 있습니다. 이사 비용이 당연한 건 아니지만 낙찰로 인하여 많은 수익을 본 상황이라면 기분 좋게 이사비 정도는 보태드리는 일도 있습니다. 이럴 때는 이사비 견적서를 보내도록 하고 이사 당일 이사업체에 직접 지급한 후 나중에 영수증을 명도비 명세서로 받아놓으면 비용처리를 할 수 있습니다.

명도확인서는 세입자가 배당받을 때 필요한 서류입니다. 명도확인서가 필요 없는 점유자와는 명도확약서 또는 이행서 정도만 받습니다. 서로 약속을 지키자는 의미로 간단하게 작성합니다. 하지만 간단하게 작성했다가 낭패 볼 수 있는 극히 일부의 경우도 있어서, 예를 들어 드리겠습니다.

아래 이미지의 오른쪽 고소장 사진은 이사를 협의한 점유자가 이사 후 본인의 짐을 임의로 처분했다는 명목으로 고소를 진행한 사건입니다. 그 당시 자필로 짐을 치워도 된다는 서약을 받지 않았다면, 고스란히 법적인 책임을 물을 뻔했습니다. 꼭 짐을 치워줘야 할 때는 아래와 같은 문구를 권장합니다. 이젠 마지막 최악의 상황에 해당합니다. 채무자와 연락이 되지 않아 낙찰된 집에 사람이 드나든 흔적조차 없습니다. 아무리 연락처를 남겨도 연락이 되질 않습니다. 이럴 때는 어쩔 수 없이 '인도명령'이라는 제도를 이용해야 합니다. 인도명령을 통해 이 집의 문을 열 수 있고 명도소송처럼 힘들고 긴 과정을 피할 수 있습니다. 인도명령은 낙찰 잔금을 납부하는 날 꼭 접수하여 만약의 경우를 대비하는 게 좋습니다. 비 올 때를 대비해 우산을 챙기는 것 보다 훨씬 더 든든한 제도입니다.

명도확인서 "물건지에 남기고 간 점유자의 짐을 임의로 처리해도 법적인 책임을 묻지 않는다." 점유자 자필서명, 도장 또는 지장

점유자랑 연락이
안 되는 경우의 대처법

나무에 앉은 새는 가지가 부러질까 두려워하지 않는다. 새는 나무가 아니라 자신의 날개를 믿기 때문이다.
-류시화, 《새는 날아가면서 뒤를 돌아보지 않는다》

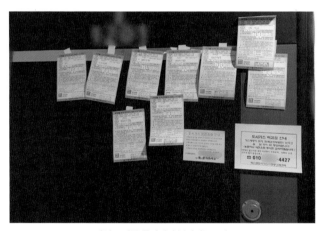

법원 우편물 통지서가 붙어있는 모습

임장 시에 세대 현관문 앞에 위의 사진처럼 법원 우편물 통지서가 덕지덕지 붙어있는 상황이라면 두 가지로 가정해 볼 수 있습니다. 첫 번째 경우는 점유자가 물건지 안에서 정상적인 출·퇴근을 하고 일상생활을 경매물 건지 안에서 평범하게 하고 있습니다. 다만 부재 중일 때 마침 우편물이 왔을 겁니다. 또는 본인의 거주 사실을 감춰야 하는 부득이한 경우에는 저런 상태를 유지합니다.

주변 시선도 있고 누가 봐도 경매가 진행되는 상황임을 알리고 싶은 점 유자는 많지 않기에 대부분 점유 사실을 숨기려는 의도에 가깝습니다. 이 와 같은 경우, 낙찰받고 낙찰자가 물건지를 방문해도 점유자를 만난다는 건 매우 힘들 수 있음을 암시하는 징표로 받아들입니다.

두 번째는 빈집 상태가 확실해서 어떤 우편물이 발송되더라도 받을 수 있는 상황이 아닌 경우입니다. 이럴 때는 빈집으로 확인이 되었다고 해도 낙찰자가 임의로 세대 현관을 개문할 수 없습니다. 단, 임차권등기로 인 한 임차인 부재는 전화 명도를 통해 비밀번호를 전해 받고 명도 진행하는 것은 예외로 보고 설명합니다.

채무자의 행방을 알 수 없고, 연락 또한 취할 곳이 없을 때는 꼭 법적인 절차를 진행해서 세대 현관을 열고 들어가는 것을 권장합니다. 임의로 개 방했다가 집 안에 어떤 불의의 사고가 발생해 있거나, 후에 나타난 점유 자가 자기 재물을 손괴한 것이라 주장할 여지를 주어 매우 난처한 상황 에 처할 수 있기 때문입니다.

우리 집에 금송아지를 놓고 나왔는데 불법으로 문을 따고 들어간 낙찰 자가 절도를 한 것이라 우기면 법적인 책임을 피하기 어렵게 됩니다. 항 상 경매의 장점인 법적인 절차를 통해 안전하게 문을 열고 소유권을 행사

해야 합니다. 아래 진행 순서는 낙찰자가 법적인 절차를 통해 낙찰 물건을 인도받을 수 있는 절차를 순서대로 기록한 것입니다(다만, 일정은 각각 법원의 스케줄에 따라 상이하게 진행됩니다).

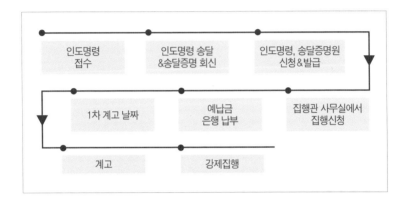

쓰레기더미도 함께 낙찰받은 명도 사건

첫 번째 점유자 부재 명도 사례보다 살짝 더 고생한 명도 사례가 있습니다. 입찰 당일 역시나 장마철의 하이라이트 태풍을 동반한 호우가 쏟아졌습니다. 경매법정은 코로나19 연기가 아니라면 기후 악재에는 진행하는 것으로 알고 있습니다.

폭풍을 뚫고 수원지방법원 성남지원에 방문한 결과 단독 낙찰입니다. 아파트를 단독으로 가져온다는 건 하늘에서 도왔거나 하늘에서 버린 악재거나 둘 중 하나입니다. 비가 며칠씩 와도 열려있던 창문은 그 상태를 유지하고 있었습니다. 이는 집에 드나드는 사람이 없다는 한 가지 증거입니다. 아파트는 특징상 관리사무소에 가면 약간의 힌트는 얻어 올 수 있으나 이 건은 입이 무거운 직원이 근무하고 계셨습니다.

이 아파트의 위치는 앞으로 수직적인 상승 그래프를 보일 지역인지라 아무리 어려운 명도일지라도 굳게 밀고 나갔습니다. 해당 물건의 집주인은 많은 채무자로 인하여 국가에서 운영하는 계도 기관에 잠시 가 있는 상황이라 연락을 취할 수 없었습니다. 당연히 강제집행을 해야 했습니다.

인도명령과 집행관이 방문해서 강제집행을 예고하고, 계고하는 과정에서 가족과 연락이 닿았지만 강제집행을 원하는 뉘앙스가 심했습니다. 이는 드문 상황인데 의아했습니다. 드디어 날짜는 강제집행일까지 다가왔습니다.

문을 열자 집은 말 그대로 쓰레기 더미였습니다. 화장실을 가보니 변기에 오물까지 있었습니다. 강제집행 역사상 이런 양의 쓰레기는 처음 본다는 용역업체 직원분들의 말씀처럼, 16년 경매하면서 처음 보는 쓰레기양이었습니다.

처음부터 어느 정도 예상했지만, 이를 뛰어넘어 이틀 동안 강제집행이

쓰레기 더미가 가득했던 물건 내부 모습

진행되었고, 쓰레기를 치우는 데 1천만 원을 썼습니다. 어디에 얼마나 많은 양을 버리면 1천만 원을 내는지 궁금하시지요? 아무리 쓰레기여도 이 짐들은 모두 쓸어 담아서 석 달이라는 기간 동안 물류창고에 있는 컨테이너에 보관해 둡니다. 그 비용과 나중에 청소업체가 이 쓰레기를 받아 가서 버리는 비용을 다 합치니 최종 비용이 1천만 원이었습니다. 제 경매 인생에 강하게 기억될 강제집행이었습니다. 수업을 톡톡히 잘 받은 기분이라 뿌듯한데 거기에 낙찰자는 아파트 시세의 상승과 높은 전세가 세팅으로

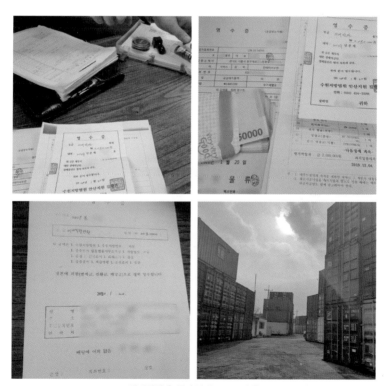

강제집행 후 동산 경매(쓰레기) 진행

수익을 냈습니다.

　이 세상에 의미 없는 고생은 없습니다. 신은 다 감당할 만큼 크기의 고 난을 주십니다. 그러니 '왜? 나만 이런 고난을 겪어야 하나?' 하고 좌절할 시간에 '얼마나 큰 인물로 키우시려면 이런 큰 숙제를 주시나! 잘 풀어봐 야지'라고 생각을 바꾼다면 큰 성장과 함께 더불어 부富도 주실 겁니다. 그러므로 매사에 감사한 마음을 갖는 것이 가장 현명한 대처입니다.

최후의 보루 강제집행,
아주 어렵지 않습니다

어진 사람은 난관의 극복을 제일 중요한 일로 생각하고, 성공 여부는 부차적인 것으로 본다.
-공자

낙찰 전 임장을 안 가는 일이 종종 있습니다. 손품으로 거의 다 끝났다고 볼 수도 있고 또는 어떤 물건은 임장과 상관없이 꼭 낙찰받아야 하기에 선 낙찰 후 임장을 선택하는 일도 있습니다. 지금부터 소개할 물건이 바로 그렇습니다. 임장을 안 가 봐도 이선 꼭 제가 낙찰받을 물건이었습니다.

9호선이라는 황금색 전철 라인이 이 물건 앞에 들어옵니다. 보너스로 급행 노선이 정차하며 더불어 8호선과 환승합니다. 이 물건의 가치는 앞으로 더 빛날 것입니다. 신건일 때는 아무도 관심 없는 빌라지만 낙찰을 받습니다. 역시나 단독 입찰이었고 별 탈 없이 낙찰의 기쁨을 느낍니다.

감정가만 그대로 써서 낙찰받았으니 필요 없는 비용의 출혈도 없었습니다. 즐거운 낙찰입니다. 하지만 바로 물건지에 방문하지 않았습니다. 혹시 모를 채무자의 취하 신청은 낙찰자에게는 큰 손해이므로 낙찰대금

소 재 지	서울				
경매구분	임의경매	채 권 자	서OOOOOOO		
용 도	다세대	채무/소유자	임OO	매 각 기 일	
감 정 가	297,000,000 (17.05.31)	청 구 액	184,104,822	종 국 결 과	
최 저 가	297,000,000 (100%)	토 지 면 적	29.5㎡ (8.9평)	경매개시일	17.05.18
입찰보증금	29,700,000 (10%)	건 물 면 적	53㎡ (16.1평)	배당종기일	17.08.07
조 회 수	·금일조회 1 (0) ·금회차공고후조회 206 (51) ·누적조회 577 (66) ·7일내 3일이상 열람자 21 ·14일내 6일이상 열람자 15			()는 5분이상 열람 조회통계 (기준일·2018-03-05/전국연회원전용)	

어쩔 수 없이 강제집행을 진행했던 물건

을 납부하고 방문하는 계획을 세웁니다. 이 물건은 집 가격보다 채무가 너무 적어서 금방 취소시킬 수 있는 여지가 있었습니다.

하루하루 이 물건에만 매달리면 시간이 느리게 가지만 다음 농사를 위해서 또 밭을 일구면 어느새 시간이 지나 잔금일을 알려주는 문서를 우편으로 받습니다. 잔금일은 보통 한 달의 기한까지 주지만 빠른 잔금 처리를 요하는 물건은 날짜가 지정되면 바로 납부를 하기에 무사히 잔금까지 완료했습니다.

집을 방문해 봅니다. 잔금을 내었으니 등기권리증을 기다리면서 그 집 초인종을 눌러보지만 인기척이 없고 분위기가 싸합니다. 밤에 가도 불조차 켜져 있지 않은 집입니다. 분명 안에 사람은 있는데 문을 안 열어줍니다. 낙찰 잔금 날 같이 신청한 인도명령이 송달을 끝마치고 송달증명원이 발급됩니다.

명도 진행을 계속하면서 이렇게 연락조차 취하기 어려운 점유자에게 접촉을 시도해봅니다. 같은 빌라 다른 세대에게 점유자의 상황을 여쭤봅니다. 아직은 우리나라 정서상 많이 무섭게 생긴 외모의 소유자가 아니라면, 열린 마음으로 질문에 대한 답변을 해주는 편입니다(코로나19 팬데믹 전이 더 친절했습니다). 그러나 이 빌라는 세대마다 말을 아낍니다. 나중에 점유자를 만나고 나서야 이웃들의 반응을 이해했습니다.

아직 60세도 안 되신 아주머니는 이 세상 있는 모든 신을 다 모시고 계셨습니다. 정식 보살 집이었으면 밖에 누구나 알 수 있는 표식이 있으니 훨씬 수월합니다. 그러나 이분은 스스로 우주의 따님이라 여기고 있어서 인지 사회성 결여, 대화 단절, 각종 민원을 받는 상황이었습니다.

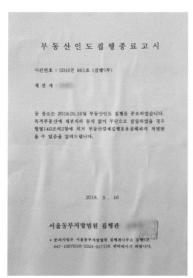

부동산 인도 집행 종료 고시 및 점유물의 내부 모습

만약 당신이라면 '이래서 경매는 무서운 것이라 했잖아' 하면서 위안을 삼고 계신가요? 물론 저는 명도를 강제집행까지 진행했고, 집행 도중 강력한 저항으로 한 번은 철수하고 다시 일정을 잡아서 두 번째에 집을 넘겨 받았습니다. 지금 그 아주머니는 동네 근처로 이사 가서 잘 살고 계십니다.

그분은 배당 일에는 자신이 찾아야 하는 배당금만큼은 야무지게 수령해 가셨습니다. 그 후 그 집에 해당하는 시세 차익은 고스란히 고생한 낙찰자에게 주는 인생 보너스입니다. 낙찰금의 2배가 그 집의 현재 시세입니다. 시세 차익은 당연한 대가라 하겠지만, 전 세계에서 관광하러 오는 롯데타워가 바로 보이는 보너스 뷰까지 있습니다. 빌라(다세대)지만 훌륭한 인프라가 있는 입지가 발휘하는 좋은 투자 사례의 예라 할 수 있습니다.

롯데 타워가 보이는 전경

호재 및 개발 이슈로
앞으로 술술 풀릴 집

KTX 광명역 일대는 광명 역세권 개발사업으로 2004년 역 신설 이후 이케아 광명점, 롯데아울렛 광명점이 들어서 있습니다. 2022년에는 광명 국제디자인 클러스터가 준공되며 중앙대학교 광명병원도 개원할 예정입니다. 광명역은 남북으로 철도망이 구축되어 GTX-B, 제2경인선, 신안산선 등 광역 철도망과도 연계됩니다. 종합해보면 앞으로 광명시에는 현재 운행 중인 지하철 7호선과 KTX 외에도 수도권광역급행철도(GTX) B노선, 신안산선, 월곶판교선, 제2경인선 등이 더 들어서게 됩니다.

분명히 낙찰 물건은 안양입니다. 그러나 광명역사의 개발 계획을 나열한 데는 필자의 의도가 있습니다. 광명을 기준으로 했을 때 거리상 광명 소하동보다 안양 만안구 박달동이 더 가깝습니다. 대중교통도 광명역사와 잘 연결되어 있습니다. 안양 만안구 박달동은 광명역사와 근접한 배후

소 재 지	경기				
경매구분	강제경매	채 권 자	신OOO		
용 도	아파트	채무/소유자	이OO	매 각 기 일	
감 정 가	306,000,000 (20.01.03)	청 구 액	11,176,327	종 국 결 과	
최 저 가	306,000,000 (100%)	토 지 면 적	35.7㎡ (10.8평)	경매개시일	19.12.23
입찰보증금	30,600,000 (10%)	건 물 면 적	73㎡ (22.1평) [27평형]	배당종기일	20.03.09
조 회 수	·금일조회 1 (0) ·금회차공고후조회 129 (51) ·누적조회 272 (51)				()는 5분이상 열람 [조회통계]
	·7일내 3일이상 열람자 18 ·14일내 6일이상 열람자 9				(기준일-2021-10-05/전국연회원전용)

인근 지역의 역사와 근접한 배후 주거지 낙찰

주거지로서 광명역 주변의 모든 인프라를 누리게 될 것이라 예상합니다.

위치상 앞으로 상승할 곳이라는 확신으로 낙찰받은 위의 물건은 잔금 날짜까지 자금 마련이 어려울 것이라고 예상했습니다. 집주인이 취하를 안 시키고 낙찰을 허할 수 있는 금액을 써서 낙찰받습니다. 2등과 근사치로 낙찰받으면 비용 면에서 이익입니다. 하지만 적은 금액 차이는 2위가 낙찰 당일 손을 번쩍 들고 차순위 신고를 하면 영락없이 잔금을 기일 내에 치러야 합니다. 집을 매매로 내놓은 경매 물건은 매매와 근사치로 낙찰받아야 집주인이 잔금 전 취하시키는 불상사도 막습니다.

역시나 예상처럼 잔금일을 맞추지 못했고 잔금 납부 기일 이후로는 연 12%의 이율의 연체금을 일수 계산으로 납부합니다. 그래서 연 12%에 해당하는 금액인 1백만 원가량을 내었습니다. 이 세금이 참 좋은 일에 쓰이길 바랄 뿐입니다. 예상대로 시세보다 5천만 원 정도 저렴하게 낙찰받은

낙찰받은 물건의 명도 후 전경

낙찰받은 물건의 인테리어 전 부엌 모습

앞서 설명한 물건은 전 주인도 배당금을 받아서 옆 동으로 이사 가게 되었습니다. 서로 얼굴 하나 붉히는 일 없이 잘 마무리된 명도입니다.

근처에 위치한 노루표페인트의 이전과 지식산업센터의 분양계획, 안양 박달 스마트벨리의 개발계획이 있습니다(제조업이 아닌 일자리 창출). 최상의 호재는 월곶부터 판교까지 일자리를 이동시켜줄 월판선을 몇 년 안에 탈 수 있는 입지라는 것입니다. 이 중 한 가지만 실현된다 해도 아파트 가격의 상승 요인일 것이고 기다리는 중간에 재건축 연한이 도래합니다(33년차). 그래서 이른 시일 안에 재건축을 축하하는 현수막을 거는 상상을 해봅니다.

빌라 경매가 가치를
발하는 이유

성공은 형편없는 선생이다. 똑똑한 사람들이 절대 패할 수 없다고 착각하게 만든다.
-빌 게이츠

1인 가구의 증가에 따라 거주하는 집의 유형 중 다세대 빌라에 거주하는 유형이 점점 늘어나는 추세입니다. 사회초년생이나 홀로 거주하는 노인이 거주하기에 보다 시세가 저렴하고 위치가 좋을 경우 출·퇴근이나 주변 편의 시설을 이용하기에 편리하기 때문에 빌라는 1인 가구가 살기 적합한 주거 형태입니다. 신축 빌라는 곰팡이나 결로의 위치와 범위에 따라 도배 공정 비용만으로 (상태에 따라 단열작업 추가) 수익을 올릴 수 있습니다. 또는 집 상태가 좋은 상황이라면 입주 청소와 홈 스타일링만으로도 수익률을 높이게 됩니다. 구축 빌라는 하자 보수 등 집에 대한 우려가 많은 투자처이지만 인테리어를 통해 수익률을 극대화할 수 있는 장점이 있습니다. 꼼꼼히 잘 살펴서 좋은 물건을 찾는다면 모래 속 진주를 찾는 격이 될 것입니다.

입찰 전 집 상태 확인하기

2017년 기준 드라이비트, 빨간 벽돌 건물은 난방에 취약하여 외벽에 심하게 금이 간 곳은 없는지 확인해봐야 합니다. 빌라 입구, 계단, 현관문 등 건물 전체 청소 상태나 분리수거 관리, 복도 페인트 상태 등을 통하여 관리가 잘 되어 있는 건물인지 전체적인 관리 상태에 대해 판단해볼 수 있습니다. 또한 건물 내부를 훑어보면서 옥상도 살펴볼 필요가 있습니다. 옥상에 금이 간 부분이나 방수 상태 등 노후도를 확인해 보고, 마지막으로는 주차 공간도 세대수와 주차 대수를 계산해 봅니다. 낮에는 공간이 여유롭더라도 저녁에는 주차가 어려울 수 있어 빌라 주차에 대한 전반적인 세대원들의 사용 흐름을 알면 좋습니다.

혹은 주차가 가능한 이면도로나 통로 공터가 있는지도 살펴보면 도움이 됩니다. 집의 외관은 우리의 힘으로 바꿀 수 없기에 집의 가치를 높일 수 있는 부분은 오로지 내부입니다. 그러므로 반드시 입찰 전 대상 물건을 임장할 때 집의 외부 상태와 시설 점검을 꼼꼼히 해야 합니다.

명도 후 집 상태 확인하기

천장, 벽면 단열 문제로 결로 현상이나 곰팡이가 피지는 않았는지, 누수로 인한 얼룩은 없는지 확인해봐야 합니다. 가끔 바닥에서 습기가 올라오는 일이 있어 장판일 경우 장판을 들춰보면 바닥에 곰팡이나 물기가 있는지 쉽게 확인할 수 있습니다. 오래된 집이라면 보일러도 점검해야 합니다. 교체일과 종류 등 보일러에 붙여져 있는 스티커를 사진 찍어 두면 좋습니다. 교체한 지 10년이 지났다면 지역에 따라 선 할인금을 지원해주기 때문에 이에 조건이 해당한다면 교체 시 활용하면 좋습니다. 물 수압에 문제는 없는지, 녹물이 나오는지 확인하고 나온 물을 오래 받아본 후 물이 내려가는 데는 문제가 없는지, 변기 물은 잘 내려가는지도 필수로 확인해야 합니다. 만약 수도 밸브를 잠갔을 경우 수도계량기의 미세한 움직임이 있다면 누수의 증거가 됩니다. 명도 후 공실이었던 집이라면 미납된 전기 사용료 및 가스 사용료, 수도세를 처리해야 합니다. 특히 겨울은 보일러를 외출로 설정해야 하므로 전기와 가스 공급이 시급합니다.

아파트 관리비는 밀린 금액에서 공용부분은 낙찰자가 부담하므로 낙찰 시 꼭 고려해야 하는 사항이고, 빌라의 해당 호실의 전기 사용료와 가스 사용료는 각 기관에서 필요서류 요청 시 전송해주면 잔금 납부 일을 기준으로 그 이전까지의 미납금은 공제받을 수 있습니다.

전기사용계약 변경신청서 및 확인서

PART 2

부동산 관리 편

26채의 임대인으로
살아갑니다

CHAPTER 1

집의 가치를 높이는
인테리어 팁

턴키, 반 셀프, 셀프 인테리어
장·단점 파헤치기

> 비관론자는 모든 기회에서 어려움을 찾아내고, 낙관론자는 모든 어려움에서 기회를 찾아낸다.
> -윈스턴 처칠

인테리어는 집의 가치를 올려 비싼 값을 받기 위한 수단입니다. 저는 그 집의 활용성을 더하기 위해 인테리어를 실행합니다. 턴키, 반 셀프, 셀프 인테리어 중 턴키란 전문 인테리어 업체에 인테리어를 맡기는 것을 말합니다. 턴키의 경우 업체에서 모든 공정을 도맡아 진행하기 때문에 신경 쓸 부분이 덜합니다.

하지만 편한 만큼 금액도 비례하게 올라갑니다. 턴키 업체는 검색창에 지역명이나 아파트명을 포함한 인테리어 키워드를 검색하면 많은 업체 소개와 후기 글이 나옵니다. 이를 통해 원하는 시공내역과 콘셉트 이미지 등을 보내면 대략적인 가견적을 받아볼 수 있고, 가견적까지 받아본 후 업체를 선정하면 업체 쇼룸(가게)에 방문해 자재 선정 및 자세한 상담을 받으면 됩니다.

상담 내용을 바탕으로 인테리어 공정이 진행되고, 고객은 추가로 마감을 확인해보거나 진행 상황 등을 전해 듣습니다. 전문적인 업체에 맡기는 입장에서는 신경 쓸 부분이 줄어들어 부담이 적은 게 장점이지만 모든 공정에 대한 비용은 상당히 커진다는 단점이 있습니다. 결국 이는 수익률을 저하하는 요인이 될 수 있습니다.

앞서 말한 턴키와 비교할 수 있는 인테리어 방법은 반 셀프입니다. 반 셀프 인테리어란 전문가가 와서 시공해주지만 전체 일정 조율 및 인부 선정, 디자인, 마감 확인까지 모두 낙찰자 본인이 정해서 결정해야 합니다.

즉, 턴키 업체에서 해주는 인테리어 감독이 자신이 되는 셈입니다. 이로 인해 본인의 취향이 담긴 인테리어나 자재, 원하는 공정을 자유롭게

포인트용 타일을 고르고 있는 모습

추가하거나 뺄 수 있고, 비용적으로는 업체의 감수비를 절약할 수 있다는 장점도 있습니다. 턴키에 비해 비용을 절약할 수 있지만 그에 따른 많은 양의 공부가 필요합니다.

요즘은 다행히도 반 셀프를 하는 사람이 늘고 있어 인터넷에는 다양한 후기 글과 필요한 정보가 쌓이고 있습니다. 하지만 반 셀프에 대한 이론뿐만 아니라 예기치 못한 변수에 대응할 해결책도 본인이 마련해야 합니다. 직장인이라면 수시로 진행되는 현장 감리가 어렵고, 전문 지식이 없어 급하게 결정해야 할 사항에 어려움이 있을 수 있습니다. 이처럼 많은 수고와 어려움에도 반 셀프를 하는 이유는 '보다 저렴한 비용과 원하는 사양의 인테리어를 진행할 수 있기 때문'입니다.

마지막으로 셀프 인테리어란 말 그대로 본인이 셀프로 인테리어를 하는 것입니다. 공간을 원하는 대로 바꾸되, 비용은 인건비까지 최대한 줄인 인테리어 방법입니다. 셀프 인테리어 족이 늘어나면서 크게는 페인트, 벽 타일 시공 등 다양하게 진행되고 있습니다. 셀프 인테리어를 하는 이유는 전문가를 고용할 만큼의 상황이 아니거나 본인의 힘으로 해결이 가능한 경우입니다. 또한 비용이 부족하거나 재개발, 재건축 등 개발로 인하여 인테리어의 의미가 축소 반영될 때에도 셀프 인테리어를 하게 됩니다. 직접 인테리어를 해본 경험이 있거나 손재주가 있다면 완벽한 결과가 나오겠지만, 그렇지 않다면 추가적인 비용은 물론 전보다 못한 결과가 초래되는 단점이 있습니다. 자신이 없다면 재주에 따라 결과물이 크게 좌우되는 건 전문가에게 맡기고 페인트칠, 스위치 및 콘센트 교체, 간단한 실리콘 시공 등등 현실적으로 본인이 가능한 범위 안에서만 시공하는 게 더 효율적인 방법입니다.

	턴키	반 셀프
장점	- 다양한 내용의 공정을 책임지고 맡아서 해 줌 - 업체에 따라 다르지만 책임지고 A/S를 해 줌 - 업체에서 조율하고 협의해서 문제를 해결하면 되기에 소비자는 그 문제가 잘 마무리되었는지 확인만 하면 됨	- 턴키 보다 공사비가 매우 저렴함 - 각 과정이 의뢰인의 직거래를 통해 이루어 짐 - 턴키 업체에 상관없이 내가 원하는 공정을 추가하거나 뺄 수 있음
단점	- 견적이 비싸짐 - 턴키 업체에서 꺼려 하는 공정이 있다면 진행하지 못 할 수도 있음 (업체에 따라서 원하는 공정만 진행하려는 곳이 있으므로, 인테리어 업체에 따라 같은 공정이라도 할 수 있는 곳과 없는 곳으로 나뉨)	- 본인이 총 감독 역할을 해야 하므로 각 공정의 과정이나 마무리를 확인하고 수정할 것을 업체에 요청해야 함 - 매 공정 시 추가 항목이 발생할 수 있고, 경우에 따라 마감이 잘 나오지 않을 가능성이 큼 - 인부 고용부터 일정 조율까지, 모든 계획을 짜야 하며 예기치 않은 변수가 생길 수 있음

임차인을 반하게 하는
인테리어의 기본, 콘셉트 시안 만들기

자신을 이 세상 누구와도 비교하지 마라. 만약 그런다면, 그것은 자신을 모욕하는 것이다.
-빌 게이츠

콘셉트를 맞춰 놓으면 이를 원하는 특정한 사람들(매수자, 임차인)이 내 매물에 좀 더 관심을 집중할 수 있고, 임대인 역시 원하는 임차인을 구할 수 있는 확률이 높아집니다. 또한 그 지역 시세 대비 가격이 조금 더 비싸더라도 본인의 취향에 맞는 집을 찾는 이들은 비싼 가격을 지불하며 입주를 선택하는 사례가 많습니다. 우리 삶의 기본인 의, 식, 주 중에서 최대한 유쾌한 조건에서 살고 싶은 욕구를 충족해 주는 마케팅이라 할 수 있습니다.

• 임대인은 어떤 세입자가 거주할 것인가를 초점으로 인테리어 및 홈스타일링을 진행해야 합니다.

• 인테리어에 큰 비용을 들였다고 그만큼의 수익이 보장되는 것이 아니기 때문에 인테리어의 콘셉트와 예산을 잡기 위해서 반드시 지역과

인테리어 진행 전 평면도 및 진행 현황 체크리스트

입지에 따른 수요층(세입자)을 예상하고 분석해서 그에 맞는 인테리어를 해야 합니다.

턴키 인테리어의 기간

보통 20평 내외의 집이라면 최소한의 공사 기간은 15일 정도 소요됩니다(20평대 내외라도 상태에 따라 3~4주가 걸리기도 합니다). 아무리 공사 기간이 촉박하더라도 공사 기간을 15일 이하로 줄여서는 안 됩니다. 날림 공사의 우려가 있고 완벽한 마감이 되지 않을 가능성이 큽니다. 간단한 시공은 긴 기간이 필요하지 않아 열흘 정도로 끝나기도 하지만 일반적인 인테리어 공사 기간은 3주 정도로 잡는 것이 안전하다고 볼 수 있습니다.

효율 업 반 셀프 공사,
순서와 기간은 이렇다

고개를 숙이지 마라. 높이 들어 세상을 똑바로 보아라.
-헬렌 켈러

인테리어 공사를 하기 전 첫 번째 해야 할 일은 입주민에게 동의받는 것입니다. 아파트일 경우에는 관리실에 방문해 공지 사항을 받아 안내해야 하며, 소음 발생을 대비해 각 세대에 방문해 양해를 구하거나 공동 현관에 안내문을 붙여 공지해야 합니다. 동의받으러 다니면서 종량제 봉투나 마스크 등 소정의 물건을 건네주면 받는 사람뿐만 아니라 주는 입장에서도 더욱 마음이 편합니다. 필수 사항은 아니지만 대략 3주 동안의 공사 기간과 이웃들이 겪어

시공 스케줄표

26채의 현대인으로 살아갑니다

야 할 막대한 소음에 비하면 그 정도는 보답하는 것이 예의이지요. 입주

민 동의를 받은 후 복도 및 엘리베이터 보양 작업(아파트의 경우)까지 마치

면 드디어 반 셀프 인테리어를 시작해도 됩니다.

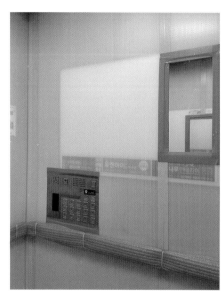

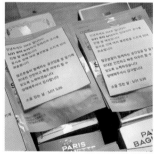

인테리어 공사를 진행하기 위해 준비 중인 모습

인테리어 고수가 밝히는 반 셀프 업체 찾는 법

스스로에 대한 자신감을 잃게 되면, 온 세상이 내 적이 된다.
- 랠프 월도 에머슨

반 셀프 인테리어를 하는 사람들이 자주 이용하는 사이트에는 '인기통(http://cafe.naver.com/0404ab/), 숨고(http://www.soomgo.com/), 셀인카페(https://cafe.naver.com/overseer)' 등이 있습니다. 광고매체에 노출된 곳이 신뢰를 주기보다는 사이트마다 장·단점이 뚜렷하기 때문에 적재적소에 맞게 활용해야 합니다.

인기통 카페는 '인테리어 기술자 통합 모임'의 줄임말입니다. 카페 안에서 고객, 기술자 모두 자유롭게 글을 올리고 쪽지를 주고받을 수 있습니다. 시공을 원하는 고객은 해당 카테고리를 선택한 후 시공 내용, 날짜, 지역 등을 작성하여 올립니다. 글을 확인한 기술자들은 댓글 및 쪽지로 글에 대한 답변을 주고 기술자를 선정해 답변에 적힌 전화번호로 연락을 주고받으면 됩니다. 이렇듯 인기통만의 장점은 저렴한 비용과 글만 올리면

견적을 쉽게 받아볼 수 있다는 점입니다. 하지만 기술자의 정확한 시공능력이나 후기, 정보 등을 확인하기 어렵다는 단점이 있습니다.

고객이 요구한 인테리어를 감당해야 할 사람이기 때문에 이를 확인하는 것은 매우 중요한 절차입니다. 이렇듯 인기통에서는 쉽게 다양한 분야의 인부를 고용할 수 있지만 결과물이 좋으리라는 보장은 없습니다. 추가로 글을 작성할 때 업체 블로그 링크나 시공한 사진 등을 요청하면 업체에 따라 관련 정보를 얻을 수도 있습니다.

인기통의 단점을 보완시킨 카페가 '셀인'이라 할 수 있습니다. 셀인 카페 안에는 반 셀프 인테리어를 하는 사람들이 가입되어 있어 '이 업체는 좋았고, 어느 점이 좋았는지에 관한 실제 후기'가 올라옵니다. 반 셀프를 하면서 고민되는 부분이나 결정사항, 미리 알아야 하는 세세한 부분까지도 글을 올려 서로 생각을 나누고 공유합니다.

다양한 글의 개수가 많아 현재 내가 고민하는 부분을 카페 안 검색창에 검색하면 반 셀프를 하면서 나와 같은 고민을 했던 이들의 후기가 등장합니다. 이를 통해 나의 고민을 해결하고 추가적인 조언까지도 얻을 수 있습니다.

셀인 카페 안에서 회원들에게 유명한 업체는 실력이 증명된 곳이라 할 수 있습니다. 모두에게 인기가 많은 만큼 원하는 날짜에 고용하기 위해서는 몇 달 전 예약은 필수입니다. 심지어 6개월 전에 예약이 마감되는 업체도 있습니다. 마찬가지로 견적을 알고자 한다면 공정별 업체를 정한 후 카페나 블로그에 올라온 연락처로 문자나 전화로 시공 내용, 날짜 등을 보내면 가견적이 옵니다. 원하는 날짜에 시공이 가능하다는 답변을 받으면 실측 및 예약을 잡아 견적을 조율하면 됩니다.

개인적으로는 반 셀프 인테리어를 하면서 업체를 선정해야 할 때는 셀인카페를 제일 자주 이용하는 편입니다. 저렴한 가격보다는 믿고 맡길 수 있는지와 결과물이 중요하기 때문입니다.

생소한 공정이거나 처음 맡기는 공정일 때에는 대략적인 견적의 틀을 잡아야 하므로 인기통에 글을 올려 이 공정은 어느 정도의 비용을 요구하는지 감을 잡는데 사용합니다. 또한 정말 급하게 인부가 필요한 상황에도 인기통을 이용하면 가능한 기술자와 바로 연락할 수 있기 때문에 요긴하게 사용할 수 있습니다.

비용은 아끼고 효과는 만점
반 셀프 인테리어 팁

꿈을 품어라. 꿈이 없는 사람은 아무런 생명력도 없는 인형과 같다.
-그라시안

사람들이 북향집을 싫어하는 이유는 분명히 있습니다. 사계절이 뚜렷한 우리나라의 북향집은 겨울에 단열 문제가 심해 단열작업을 추가해야 합니다. 제가 낙찰받았던 한 북향집의 거실 창은 공원의 나무들로 가득 찬 액자형이었습니다. 널찍한 크기의 거실과 방은 한 가족이 살기에 충분했고, 앞뒤로 긴 베란다의 서비스 공간은 아파트에 비해 부족한 빌라의 수납공간을 보완시켜 주었습니다.

하지만 모든 것이 완벽할 수 없듯이 한편에는 좁은 주방이 자리 잡고 있었습니다. 그에 더해 천장, 코너 몰딩에는 올드한 체리 색상 몰딩이 있었습니다. 모두가 기피하는 체리 색상 몰딩은 제거 대상 일 순위였고, 좁은 주방 옆 연달아 이어진 현관까지 마땅한 대책이 필요했습니다. 현관은 신발장에서부터 거실, 주방이 모두 연결되어 있어 이를 차단해 줄 중문을

주방과 이어진 좁은 현관의 구조

시공하기로 했습니다.

구조상 현관이 옆에 있는 화장실보다 안쪽으로 들어가 있었습니다. 그래서 타일을 더 붙여 현관과 화장실 문 사이의 빈 곳을 채워 주었고, 늘어난 현관 타일만큼 화장실 벽 라인과 동일하게 맞춰 중문의 위치를 잡았습니다. 이로써 중문을 통해 좁은 현관과 개방된 현관의 단점을 없앴습니다.

협소한 주방이라는 공간 안에서 냉장고와 조리대, 가스레인지의 배치를 해야 합니다. ㄱ자 구조이지만 한쪽 끝에는 베란다 문이 있어 조리공간을 새로 늘리기 어려웠고, ㄷ자 구조로 변형시키기에는 베란다로 나갈 통로가 여의치 않았습니다. 그래서 베란다 문, 주방 창문 등 구조 변경이 어려워 틀은 기존대로 하되, 수납이 더 가능하도록 상·하부 장을 구성했

주방 베란다문 시공 및 화이트톤으로 맞춘 부엌 싱크대

거실 등박스를 철거하고 매립형 전등 설치 전, 후

덧방용 철거를 통해 리뉴얼한 욕실 전경

습니다. 넓어 보이는 효과를 주기 위해 상하부장 색상을 깔끔한 무광 화이트로 선택했습니다.

거실에 들어왔을 때 장점인 창문 뷰를 강조하기 위해 시선이 뺏길 수 있는 거실 등 박스를 철거했습니다. 등 박스 철거로 미관상 천장이 높아 보이고 거실 전체가 더욱 깔끔해집니다. 천정에서 두툼하게 내려오는 조명 보다는 구멍을 뚫어 매입 등을 설치했습니다. 추가로 액자형 창문 위에는 은은한 느낌이 나는 간접조명을 설치해 분위기를 더했습니다.

누런색의 욕조와 옛날식 카운터 세면대가 있는 전형적인 구축 빌라의 화장실이었습니다. 천정부터 도기까지 모두 교체할 예정이기 때문에 덧방용 철거를 진행했습니다. 타일 덧방이 어렵거나 들떴다면 타일까지 모두 철거해야 하지만 덧방이 가능한 상황이라면 웬만하면 타일 철거는 하지 않습니다. 비용 추가가 되며 철거 시 발생하는 소음이 굉장하기 때문입니다.

화장실 공사 전 누수 문제는 없는지 아랫집을 방문해 확인해보는 습관이 필요합니다. 공사가 끝난 후 뒤늦게 누수가 있었음을 알아차린다면 타일을 다시 깨야 하는 불상사가 발생할 수 있기 때문입니다.

젊은 사람들의 취향을 반영해 절반을 나누어 아래쪽에는 초록색의 모자이크 타일을 넣었고, 위쪽에는 초록색이 포인트가 되어 돋보일 수 있도록 전체적으로 톤을 밝혀주며 받쳐줄 수 있는 연한 베이지 톤의 타일을 선택했습니다. 화장실 역시 구조변경 없이 새로운 모습으로 탈바꿈 되었습니다.

반 지하 구조의 집 인테리어 진행

반지하 구조의 집 인테리어

반지하이지만 지대가 높은 일층 같은 반지하였습니다. 외부에서 봤을 때 창문 위치가 높아 비가 내부로 들어오는 반지하의 단점이 없는 집이었습니다. 하지만 겉에서 보기에도 수리가 전혀 되지 않은 집이어서 새시(일명 샷시)를 포함한 많은 수리가 필요했습니다. 인테리어 하기 전 세입자와의 계약이 이미 끝난 상태라 세입자가 거주하기에 문제 없을 정도로 인테리어를 하기로 했습니다. 새시 교체를 하면서 반지하인 만큼 안전을 위해 방범창까지 시공했습니다. 새시 설치가 끝나갈 때쯤 현장에 방문해 새시 틈 사이에 채우는 폼을 빈 곳 없이 꼼꼼히 채워 달라고 부탁드렸고, 외부 실리콘 작업이 마무리 될 때까지 현장에서 감리했습니다.

방 세 곳을 둘러보니 이상하리만큼 벽이 기울어진 채 튀어나와 있는 곳들이 많았습니다. 벽을 눌러보니 힘을 준만큼 밀려 들어갔고, 벽지를 뜯어보니 합판이 들 떠 있었습니다. 전 집주인이 추위 때문에 단열을 한답시고 합판을 무작정 댄 것이었습니다. 이는 단열에 문제가 있다는 뜻이기에 목공 과정 중 모든 방에 단열을 넣기로 했습니다. 계획에 없던 철거내역과 단열 작업이 추가되었습니다. 단열 작업은 꽤나 큰 비용이 드는 공정이지만 인테리어가 끝난 후 거주 중에 추위를 느껴도 다시 공사할 수 없는 사항이기 때문에 공사 전 현명한 선택이 필요합니다.

시공 전 사진에는 싱크 수전이 타일에서 나와 연결되어 있었습니다. 요즘처럼 상판 또는 싱크 볼과 수전을 연결하려면 단내림이 필요합니다. 단내림을 하기 위해서는 철거하는 작업자 분께 수전 단 내림을 요청하면 됩

가벽을 만들어 편리성과 공간 분리를 시도한 인테리어 시공 전, 후

니다. 이것처럼 수전 단내림이 되어있지 않은 집이라면 단내림은 꼭 하는 것을 추천합니다.

현관과 벽도 없이 바로 이어진 주방은 차단해줄 가벽이 필요했습니다. 기존에 냉장고장과 신발장이 따로 없는 상태여서 신발장, 냉장고를 넣을 장을 설치하면서 서로를 차단해 주기로 했습니다. 벽에 있는 두꺼비집을 가리기 위해 신발장 안에 두꺼비집이 들어갈 수 있도록 했습니다. 좁은 집이 아니어서 싱크 상하부 장을 모두 화이트로 통일시키지 않고 상부장과 하부장의 색상을 달리했습니다. 하부장을 하늘색으로 했을 때 확실히 집이 밝아 보이는 효과는 있지만 따뜻한 느낌은 아닙니다. 하늘색이 주는 차가운 느낌이 있어 이는 취향에 따라 호불호가 갈릴 수 있는 포인트입니다.

장판은 1.8T 또는 2.2T를 주로 사용합니다. 디자인을 크게 두 가지로 나누었을 때 세로로 긴 디자인, 대리석 타일 느낌이 나는 타일형 장판이 있습니다. 얇고 긴 디자인은 예전에 많이 사용되었고, 장판이 깔리는 방향에 따라 좁아 보일 수 있습니다. 요즘은 타일형 장판을 많이 사용하는

무난하게 사용할 수 있는 장판 디자인 제시 예   출처 〈LG 하우시스〉

추세이고, 깔았을 때 장판이라는 느낌이 없어 새로운 효과가 있습니다. 평수가 작은 집은 밝은 색상의 타일형 장판, 아파트나 평수가 큰 집에는 진한 그레이 색상의 타일형 장판이 더 적합합니다.

화장실은 안쪽으로 길게 빠진 구조였습니다. 그에 반해 문을 열자마자 있는 변기의 위치 때문에 화장실 문은 거실이 있는 바깥쪽으로 열 수밖에 없었습니다. 변기를 세면대 쪽으로 옮기는 설비공사를 했다면 좋았겠지만 오래된 빌라인만큼 혹여나 사고가 터질 만한 일들을 최대한 발생시키지 않는 범위에서 공사를 진행했습니다.

세입자의 취향을 반영해 욕조는 제거했고, 깔끔함을 줄 수 있는 화이트 톤으로 타일을 선택했습니다. 수전이나 코너 선반까지 화장실 전체적인 분위기에 맞춰 어긋나지 않도록 제품을 선택했습니다. 화장실 내에서 타일 및 도기뿐만 아니라 액세서리가 주는 디자인적 영향도 무시하지 못합니다. 예를 들어 사진 속 화이트 색상의 코너 선반이 옛날식 초록색 반투명 코너 선반이었다고 상상해보면 와 닿을 것입니다. 물론 개인에 따라 아무렇지 않다고 여길 수 있지만 사소한 곳에서 나오는 디테일은 섬세하게 알아차리는 사람(세입자)에게 이점으로 작용합니다. 더불어 중문을 설치하지 않을 경우라면 현관문에 필름 시공을 해주는 것이 좋습니다.

욕조를 없앤 화이트 톤의 욕실 인테리어 시공 전, 후

현관의 분위기를 더하는 현관문 필름 공정 시공 전, 후

06

콘셉트에 맞춘
반 셀프 인테리어는 이런 것

가난과 부는 모두 생각에서 나온다.
-나폴레온 힐

이번에 소개하는 집은 주변 신축 빌라와 가격경쟁을 해야 하므로 옵션, 인테리어 등 신축 빌라에 밀리지 않아야 했습니다. 현관에 들어서자마자 보이는 정면은 주방입니다. 중문을 설치하기 위해서는 문이 어느 방향에 달릴지 위치를 정하는 것이 중요합니다. 중문을 열고 들어갔을 때는 거실을 바라봐야 하기 때문에 주방 쪽 보다는 현관에서 들어갔을 때 오른쪽인 곳에 중문을 설치했습니다. 오른쪽에 중문을 설치하기 위해 정면에는 중문을 지지해줄 가벽이 필요했기에, 목공 공정에 요청했습니다.

일반적인 모서리가 있는 사각 모양의 가벽을 세우게 되면 거실에서 주방으로 가는 길의 통로가 매우 좁아집니다. 샘플 사진을 찾아보던 중 라운드 벽체가 들어간 상공간 벽면을 발견해 현장에 적용했습니다. 추가로 라운드 부분에 템바보드를 넣어 디자인 요소를 추가했습니다. 가벽으로

중문 설치 전, 후 현관

인해 틀이 만들어진 좁은 현관에는 가벽 상단에 원형으로 타공을 뚫어 시야를 터주었습니다.

주방은 요리하기에 조리 공간이 턱없이 부족한 구조였습니다. 그래서 주방 벽 끝까지 싱크를 길게 연장해 조리 공간을 늘려주었습니다. 커피 포트나 커피 머신, 밥솥 등 주방가전 제품이 들어갈 만한 공간에는 콘센트가 있어야 자유로운 공간 활용이 가능합니다. 하지만 싱크대가 추가된 부분에는 콘센트가 따로 있지 않아 불편함이 예상되었습니다. 벽에 콘센트를 새로 만들기 위해서는 일명 '까대기'라고 하는 전기 작업이 진행됩니다. 주변 콘센트에서 선을 따와 원하는 위치에 새로 만드는 방법인데, 소음이 엄청나며, 콘센트 위치 상 너무 멀지 않은 곳에서만 끌어올 수 있는 한계가 있습니다. 하지만 현장에는 콘센트를 만들고 싶은 위치와 가까이 있는 콘센트가 따로 없었고, 소음 문제를 고려해 대리석 상판에 타공을 뚫어 매립 콘센트를 마련해주었습니다. 이처럼 사는 사람의 편리를 고려해 콘센드 위치를 미리 구상하는 것도 임대인이 할 수 있는 세심한 배려입니다.

디자인은 누구나 크게 호불호가 없도록 취향에 따라 갈리지 않을 수 있게 중점을 두었습니다. 타일과 상판 대리석의 색상을 맞춰 통일된 느낌을 주었습니다. 하부장에는 옵션인 빌트인 세탁기를 넣었습니다. 꼭 옵션이 용도가 아니더라도 세탁기를 둘 베란다의 공간이 충분하지 않다면 싱크 하부장도 고려해보는 것을 추천합니다(아래층 세대의 어르신 소음민원을 최대한 수용한 세탁기 설치였습니다).

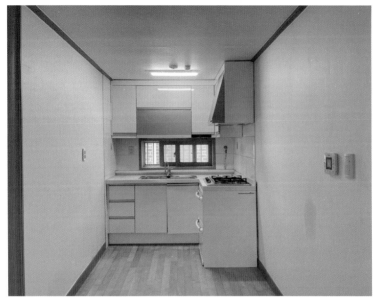

화이트 & 베이지 인테리어 진행 전, 후 모습

시공 전 욕실의 상태

　화장실 누수 문제는 없었습니다. 설비를 통해 바닥배수를 벽배수로 바꾸어주었습니다. 벽돌을 쌓아 만드는 젠다이(선반) 작업을 통해 세면대 설치를 위한 밑작업을 진행했습니다. 젠다이 없이 세면대 위에 상부장이 있을 경우 상체를 숙일 때 불편함이 있습니다. 조적을 쌓은 후 세면대를 설치하게 되면 세면대가 앞으로 튀어나와 이를 해결해줍니다. 더불어 조적으로 인해 튀어나온 공간을 화장품이나 용품 등을 놓는 선반으로 활용이 가능해 많은 이들이 젠다이를 원합니다.

인테리어 시공 후의 욕실
각진 구조라면 다른 종류의 타일을 사용 시 색다른 느낌이 연출됨

배수 변경, 젠다이 작업 모두 설비라는 공정에 포함되기 때문에 한번 인부를 고용할 때 필요한 작업을 모두 요청하는 것이 좋습니다. 이미 작업이 다 끝났는데 같은 공정의 전문가를 한 번 더 부르게 되면 인건비가 두 배로 발생하게 됩니다(2022년도부터 30% 인건비와 자재비 인상이 큰 타격입니다). 상황에 따라 젠다이는 설비하는 분이 하는 경우도 있고, 타일작업을 하는 분이 하는 일도 있습니다. 이는 의뢰한 작업자분들에게 질문드린 후 누구에게 맡길 것인지 결정하면 됩니다.

공룡알, 물방울 모양의 거울은 어떻게 설치하는지에 따른 자유로운 활용이 가능합니다. 설치할 면적이 넓다면, 가로로 길게 놓을 때 넓은 공간의 장점을 더욱 느낄 수 있습니다.

다음 페이지에 있는 이미지의 집은 방 2개, 미닫이 1개, 화장실 1개인 구조입니다. 미닫이 방과 현관이 바로 연결되어 있어 이 부분을 해결할 필요가 있었습니다. 중문을 설치하기에는 문을 여닫을 공간이 부족하여 설치하지 않기로 했습니다. 미닫이 방을 일반적인 여닫이 문이 달린 방으로 만들기 위해 미닫이 문을 없애고 가벽을 설치해 여닫이 방문을 설치했습니다. 세워진 임시벽을 활용해 현관에 아치 모양의 입구를 만들어 디자인을 추가했습니다. 좁은 공간에다가 중문도 없지만 예쁜 현관으로 변신했습니다.

타일덧방으로 욕조 및 타일을 제외한 모든 것을 철거했습니다. 철거가 끝난 후 바닥 및 변기 배관에 공사 중 이물질이 들어가지 않도록 막

아치 문틀은 도배 전 필름 공정에서 필름으로 마무리하면 됨

이물질로 인한 배관 확보를 위해 배관을 막아 둔 모습

아주는 것이 중요합니다. 특히 반 셀프의 경우 여러 공정의 전문가들이 방문하기 때문에 배관이 막히더라도 누구의 잘못인지 찾아내기 어렵습니다.

앞서 말했듯이 집의 위치는 높은 언덕과 계단이 많은 4층입니다. 그러므로 노인이나 어린 아기가 있는 구성원보다는 20~30대 청년층이 거주하리라 예상했습니다. 트렌드에 맞춰 무난한 색상의 300×600 각 타일을 선택했습니다. 300×600 각 타일로 시공할 경우 가로로 붙일 지, 세로로 붙일 지 결정해야 합니다. 천정은 안으로 들어간 우물 돔모양 대신 평돔 모양을 설치합니다. 이때 조명을 잘 고려해야 하는데 주로 3인치 혹은 4인치 조명을 사용합니다. 취향에 따라 다르지만 투박한 4인치보다는 3인치를 화장실 구조에 맞춰 위치를 잡아주는 것이 더 예뻐보입니다.

일자 주방에서 'ㄱ' 자 주방으로 한 번 꺾어주었습니다. 이로써 조리공간을 마련하였고, 식탁으로도 사용할 수 있게끔 상판이 더 튀어나와 무릎을 넣을 수 있게 했습니다. 거실 없이 주방과 방 모두 모여 있는 구조라 현관을 아치문틀로 바꾸면서 사진 상 왼쪽 좁은 방의 틀도 아치로 맞추어 통일감을 주었습니다. 더불어 아치 필름 색상과 싱크대 하부 장의 색상도 통일하면 더욱 깔끔해집니다.

좁은 평수의 집일수록 많은 색이 들어가기보다는 색상이 단조로워야 편안하고 넓어 보이는 효과가 있습니다. 왼쪽의 아치문틀 방은 일반 방으로 사용할 수 없을 정도로 좁아서 보조주방으로 공간을 구성했습니다. 냉장고가 주방인 밖으로 나올 경우 주방 사용이 불가능할 정도로 협소해져

화장실 인테리어 전,후

인테리어 시공 전 전경

집 전체의 분위기가 달라진 모습

주방과 바로 맞닿아 있는 방에 냉장고 자리를 잡았습니다. 수납이 부족한 집이기 때문에 하부 장을 짜주어 전자레인지나 밥솥 등을 놓을 수 있게 했습니다.

방 개수는 2개를 유지하되, 1~2인이 거주하기에 좁은 주방의 문제점을 보완했습니다. 너무 좁은 방이라면 무작정 두는 것보다는 생활에 불편함이 없도록 수납공간을 짜주는 것을 추천합니다.

주방의 부족한 수납공간을 보완해준 예시

현관에서 들어올 때 바로 보이는 정면이 화장실이라면 가능한 범위 내에서 중문의 방향을 사선으로 틀어줍니다. 기본적으로 현관은 어느 방문하고도 마주치지 않는 것이 풍수적으로 좋습니다. 그러므로 방향을 틀어화장실 문과 정면으로 마주치는 것을 피했습니다. 틀어서 배치하는 것이어려울 때는 파티션이나 루버 등 시야를 걸러주는 일도 있습니다.

신발장은 하단 띄움을 하여 자주 신는 신발을 편하게 넣을 수 있도록했습니다. 띄워진 공간에는 T5 조명을 설치해 인체 감지 매입 센서와 연결하여 사람이 오갈 때마다 불이 들어옵니다. 타일 색상과 환하게 밝혀주는 현관 느낌을 주기 위해 T5 조명 색상은 주백색으로 선택했습니다.

신발장 하단 띄움, T5 조명 설치

거실과 부엌 인테리어 전, 후

인테리어 전 주방 구조는 (사진상 왼쪽부터) 냉장고장 - 수납장 - 싱크대, 후드 순서였습니다. 거주자의 동선을 고려해 밥솥, 전자레인지를 넣는 수납장이 식탁 위치와 가까울 수 있도록 냉장고장과 수납장의 배치 순서를 바꿔주었습니다. 주방 창문으로 보이는 나무 뷰인 장점을 활용해 창문 위로 상부 장을 올려 개방감과 전망을 고려하였고, 후드와도 길이를 맞추어 단차를 없앴습니다.

코너 모서리 부분에 어설프게 걸린 싱크볼은 설비 등 별다른 공사 없이 가구를 설치할 때 왼쪽으로 옮겨 알맞게 자리 잡았습니다. 하지만 설비 없이 단거리 위치 조정은 가능할지라도 원래의 위치와 멀어지면 수압이 낮아지는 경우가 있어 미리 점검이 필요합니다. 수전이나 가스레인지, 인덕션 등 제품들은 가구업체에 토털로 모든 준비를 맡겨도 되지만 원하는 제품이 업체에서 준비가 불가능하거나 저렴한 사이트가 있을 때에는 고객이 따로 준비해도 됩니다. 타공 사이즈, 제품명만 업체에 보내주면 보낸 내용을 바탕으로 업체에서 준비하기 때문에 설치까지 아무 문제가 없습니다. 물론 가구 설치 전 현장에 미리 주문한 제품을 가져다 두어야 합니다.

다음 페이지의 사진은 거실과 안방 화장실 중 안방 화장실의 모습입니다. 주로 안방 화장실은 세면대 수전에서 샤워기가 연결된 겸용인 곳이 많습니다. 보편적으로는 샤워기를 위쪽에 설치해 호스가 위에서 아래로 길게 늘어집니다. 샤워는 주로 거실 화장실에서 하게 되고, 그럴 경우 샤워기의 용도는 대부분 청소이기 때문에 미관상 보기 좋도록 아랫쪽에 배

샤워기 위치 변경의 좋은 예

치했습니다.

안방 화장실을 사용하는 목적에 따라 평소 당연하게 생각했던 샤워기의 위치도 달라질 수 있습니다. 도기 및 액세서리를 설치할 때는 무조건 현장에 방문해 작업자 분과 함께 맞춰나가는 것이 좋습니다. 설치하는 평균 높이와 수치는 있지만 엄연히 일반적인 숫자일 뿐이니 고객이 직접 사람, 현장에 맞게 정하는 것을 추천합니다.

방 한편에 의미 없는 문이 하나 달려있습니다. 문 안으로 짐을 넣을 수 있는 공간보다 문을 여닫을 때 발생하는 여닫이문의 범위가 공간을 더 차지하였습니다. 조그만 공간일지라도 활용성이 좋게 서랍장을 짜넣었고,

의미 없는 공간을 의미 있는 수납공간으로 바꿔 줌

사각 문 틀을 아치로 변형해 디자인을 해주었습니다. 불필요했던 공간을 누구나 원하는 수납공간으로 바꾼 좋은 사례입니다(반 셀프). 인테리어 중 가구에는 싱크, 신발장, 붙박이장, 수납장 모두 포함되기 때문에 가구 업체에 맡기면 됩니다.

　아래의 이미지는 명도 후 철거 전 모습입니다. 방은 장판, 거실은 강마루가 깔려 있습니다. 주로 강화 마루 또는 강마루로 구분합니다. 합판이 베이스인 강마루는 강화 마루 보다 강도가 좋고 열이나 습기에 의한 변형

시공 전 거실과 부엌의 전경

성이 적다는 장점이 있지만 금액이 더 비쌉니다. 강화 마루는 부직포 위에 마루를 조합하여 올리는 방식으로 시공하기 때문에, 한 장을 뜯어내면 나머지 마루도 쉽게 떨어집니다. 하지만 강마루는 본드로 붙인 시공 방법이어서 철거하기 어려워 시간이 많이 들고 그만큼 비용도 늘어납니다. 추가로 철거가 끝난 후 본드를 갈아내는 그라인드 작업도 필요합니다. 특히 강마루를 철거하면서 바닥 배관에 손상이 가지 않도록 주의해야 합니다.

거실과 거실 베란다 사이에 있던 새시 자리에는 폴딩도어를 설치했습니다. 폴딩도어는 새시보다 단열 효과가 떨어질지라도 밋밋한 거실의 포인트가 됩니다. 여름철에는 폴딩도어를 열어두면 새시일 때보다 개방되는 면적이 넓어 거실을 넓혀주고, 베란다에 테이블을 두는 등 여러모로 활용이 가능합니다.

거실 및 화장실, 방 모두 큼직했지만 그에 비해 주방이 다소 아쉬웠습니다. 기존 싱크대에 추가로 식탁 겸 아일랜드를 설치해 조리 공간 및 수납을 늘렸습니다. 냉장고장 옆 선반은 거실 및 중문을 지나 들어오는 입구에서 잘 보이는 곳이기 때문에 매립 선반을 넣어 신경을 썼습니다. 모서리 부분을 라운딩으로 하여 곡선의 부드러움을 주었습니다. 싱크 상부장 하단에 T5 또는 LED 조명을 설치하면 요리하기가 좋습니다. 천장에만 조명이 있다면 사람이 빛을 등지기 때문에 작업을 하는 조리대가 어둡습니다.

거실 한쪽 벽면에는 전체적으로 아트월이 있었습니다(183페이지 상단 사진상 거실 왼쪽 벽면). 아트월 철거 후 도배 마감을 위해 벽면에 석고보드를

인테리어 시공 후 부엌의 변화

라운딩 작업이 들어간 가벽의 예

대어 밑 작업을 했습니다. 벽 중간에는 TV, 인터넷 선만 있었을 뿐 콘센트는 없었습니다. 많으면 많을수록 좋은 콘센트를 만들기 위해 거실 조명 스위치 밑에 콘센트를 신설했습니다. 여기에서는 까대기를 통해 만들지

인테리어 시공 중인 모습

않고 석고 보드를 대면서 석고 보드 안에 전기선을 넣어 스위치 밑으로 콘센트 선을 자리 잡아 주었습니다. 이처럼 석고 보드로 벽면 마감을 할 경우 보다 쉽게 콘센트 신설이 가능합니다. 전기 공정 때 주변 콘센트 선에서 따온 선만 길게 늘여주면 다음 목공 공정 때 목수분께서 석고 작업을 하면서 새로운 위치에 콘센트가 만들어집니다.

폴딩도어는 타일 시공 전과 인테리어 공사 마무리 단계쯤 총 2번에 걸쳐서 들어오게 됩니다. 베란다 타일이 붙기 전 먼저 폴딩도어 레일을 바닥에 설치한 후 레일에 맞춰 베란다 타일을 붙입니다. 그 후 공사가 끝나갈 때쯤 폴딩 틀을 포함한 도어까지 들어오게 되고 이로써 폴딩도어 시공이 마무리됩니다. 폴딩도어 하단 레일을 바닥에 매립시키지 않고 바닥에

폴딩도어를 적용하여 공간활용도를 높임

서부터 최대한 낮게 올라오는 레일을 선택했습니다. 매립하지 않아도 높게 올라온 느낌이 없을뿐더러 올라온 턱에 발이 걸리지 않아 매립한 것과 다름없습니다. 거실 베란다가 넓지 않아 베란다 천장에서 내려오는 펜던트 형태의 조명을 설치하면 폴딩도어가 조명에 걸려 여닫을 수 없기 때문에 거실과 동일하게 3인치 타공으로 다운 라이트를 설치했습니다.

다운 라이트 조명은 확산형, 집중형, COB로 구분됩니다. 확산형은 LED 칩이 크기에 맞게 분포되어 있고, 불투명한 커버를 사용하여 빛을 확산시킵니다. 가장 기본적인 타입이라 할 수 있습니다.

집중형은 LED 칩이 중앙으로 집중되어 있거나 렌즈 알타입으로 되어 있습니다. 각도 조절이 가능하며 어떠한 사물을 집중적으로 비추거나 간접조명의 느낌을 내게 됩니다.

COB는 집중형과 비슷할 수 있지만 중앙 안쪽에서 LED 1개가 강한 빛을 발산합니다. 집중형과 마찬가지로 각도 조절이 가능하며 불빛의 모양이 삼각형 모양으로 나타납니다. 벽면에 비춘 COB 조명의 빛은 마치 산 모양과 비슷합니다. 은은한 느낌의 갤러리와 같은 분위기를 내주어 요즘에는 COB를 홈인테리어에 많이 사용합니다.

방과 베란다 사이에 있는 새시 분합창을 철거했습니다. 왼쪽 날개벽 라인에 맞추어 베란다로 나갈 수 있는 여닫이 방문을 설치했습니다. 그 옆으로는 창의 느낌을 낼 수 있는 사각 투명 유리를 시공해 개방감을 주었습니다.

문틀을 아치로 했을 때 방문도 함께 아치 모양으로 맞추어 줄 수 있습니다. 하지만 비용 문제 등 상황에 따라 문은 일반적인 네모난 형태를 유

COB 조명을 사용했을 때 벽면에 나타나는 빛의 모습

인테리어 시공 전 상태

창의 느낌을 낼 수 있는 사각 투명 유리를 시공 함

지한 채 문틀만 아치 형태로 시공하여도 문을 닫았을 때는 완벽한 아치를 이룹니다. 물론 여닫는 데에는 아무 문제가 없습니다.

　타일 덧방용 철거를 했습니다. 타일을 붙이기 전 타일 작업자분께 젠다이 작업을 요청하였습니다. 변기부터 세면대를 지나 샤워 공간까지 전체적으로 이어지게 젠다이를 쌓을 수도 있습니다. 하지만 이 화장실은 변기가 있는 자리에 벽돌을 쌓아 젠다이를 만들 경우 그만큼 변기가 앞으로 튀어나오기 때문에 변기에 앉아있을 때 무릎에 걸려 문이 자유롭게 열리고 닫히지 않습니다. 그러므로 변기가 설치되는 곳을 제외하고 세면대

아치 형태의 문틀

T5 조명 및 바닥으로부터 공간을 띄운 현관 신발장

자리와 샤워 공간에만 젠다이를 설치하게 되었습니다. 변기 위치와 상관 없는 변기 윗부분은 선반으로 활용하기 위해 추가로 연장했습니다. 샤워 공간에는 샴푸나 세정제품을 간단하게 올려두는 수납할 자리가 필요하 기 때문에 젠다이를 하면서 코너 선반 대신 매립 선반으로 만들어 주었습 니다.

배수구 및 수납장 등 디테일에 신경을 쓴 욕실 전, 후

유가(육가)란 배수구 덮개를 말합니다. 배수구에서 올라오는 악취나 벌레 해충을 막아주고, 머리카락 등 이물질이 배수관으로 들어가지 않도록 거름망 역할을 합니다. 아래 사진 속 유가(타일 유가)는 타일을 유가에 삽입한 것으로, 타일 시공 시 유가 사이즈에 맞게 커팅하여 끼워 넣는 방식입니다. 디자인 측면에서 고급스럽고 유가의 거름망 부분이 타일로 대체되었기 때문에 연장된 느낌에 더욱 깔끔해 보입니다.

하지만 테두리로만 물이 내려가기 때문에 빠져나가는 공간이 좁아 물이 내려가는 속도가 낮아 배수가 약합니다. 타일 유가 안에는 이물질을 막아주는 거름망이 있지만, 그 거름망이 이물질에 막혀있다면 물이 내려가지 않게 됩니다. 그럴 때마다 이물질을 제거하기 위해 타일 유가를 들어올려야 하는 번거로움이 동반됩니다. 손으로 쉽게 들어 올리는 것이 아닌 타일 유가를 올리는 전용 스테인리스스틸 고리로 올려야 하기에, 디자인에 포커스를 둘 것인지 편리함을 선택할 건지 고민해 봐야 하는 사항입니다.

깔끔하게 마무리한 젠다이와 타일 유가

중문의 위치 및 디자인에 중점을 둔 현관 인테리어

중문의 위치가 어디인지에 따라 복도 입구가 넓어지거나 현관이 넓어지게 됩니다. 현관문을 열고 들어왔을 때 신발장 바로 앞에 중문을 설치하게 되면 현관 자체가 좁아집니다. 그러므로 기존 마루가 깔린 거실부분까지 안쪽으로 더 들어와 방문에 맞춰 중문을 설치했습니다. 집의 분위기를 고려해 차분하게 무게를 잡아주는 어두운 베이지 톤의 색상을 선택했습니다. 중문이 들어갈 공간의 사이즈에 따라 일반 여닫이 도어, 비대칭 양개 도어(양쪽으로 여는 문), 대칭 양개 도어 혹은 3연동 중문으로 구분됩니다. 중문 디자인마다 제한된 규격 사이즈가 있기 때문에 이를 참고하여 종류 및 디자인을 선택하면 수월합니다.

07

필요한 부분만 야무지게 손보는 인테리어 비법

우리가 해야 할 일 두 가지는, 포기하지 않고 운이 들어올 때까지 시도하는 것, 그리고 운이 들어오면 최대한 겸손할 것.
-김수영, 《마음 스파》

옆 페이지의 이미지는 리모델링이 진행되는 아파트의 모습입니다. 필요한 곳들만 부분적으로 인테리어를 진행했습니다. 그래서 새시와 목공 공정은 하지 않았습니다. 관리가 안 되어 노랗게 바랜 몰딩과 걸레받이, 스티커와 자국들이 많던 방문 모두 페인트 작업을 통해 재사용하였습니다. 화이트 색상으로 깔끔하게 바꿔주었고, 전문가분의 세심한 손길로 까짐이나 부족한 부분 없이 잘 마무리되었습니다.

냉장고 옆 애매하게 남는 공간은 도어가 달린 수납장이 설치된 게 일반적입니다. 그럴 경우 깊이가 깊어 안쪽으로 손을 쭉 집어넣어야 합니다. 이점이 불편해 수납장의 정면을 측면으로 방향을 바꿔주었습니다.

주방 앞 공간은 보통 식탁을 놓습니다. 식탁 조명으로는 길게 내려오는 펜던트 조명이 많이 사용되는데, 마음대로 조명의 위치를 잡아 설치해 놓

194

인테리어 시공 과정

을 경우 세입자가 입주해 본인이 원하는 식탁의 위치와 조명이 맞지 않을 수 있습니다. 이를 대비해 펜던트 조명 대신 전체적으로 밝혀주는 3인치 다운 라이트를 설치했습니다.

주방에 창문이 있다면 창문을 가리지 않기 위해 후드를 포함한 모든 상부 장을 창문 위로 올려 높낮이를 동일하게 맞춥니다. 넓은 평수의 아파트라 색상이 들어간 가구를 놓아도 좋지만, 미드웨이의 타일 색상이 진해 주방 색감이 오버 되는 것을 화이트 색상으로 막아주었습니다.

수납을 고려한 깔끔한 화이트톤의 인테리어 시공 전, 후

녹색을 포인트로 한 거실 전경과 부엌 인테리어

거실 및 주방 창문의 아름다운 나무 뷰는 낮은 저층의 층수만이 누릴 수 있는 장점입니다. 봄에 벚꽃이 피면 집 안은 벚꽃으로 가득 차고, 여름철에는 초록 풀잎의 싱그러움이 집 안으로 들어옵니다. 거실 창 나무 뒤로는 공원이 있어 매력적인 저층의 집이었습니다. 같은 아파트일지라도 집의 세대 호수나 동 별로 보이는 풍경이 다르기 때문에 해당 집만이 주는 선물이라 할 수 있습니다.

도배와 장판이 끝난 시점입니다. 밝은 색상의 1.8T 장판을 깔았고, 연 그레이 색상의 벽지를 사용했습니다. 마이너스가 되는 요소는 제거하고 바꿔준다면, 부분 공정만으로도 극적인 효과를 낼 수 있습니다.

거실과 동일하게 방에도 밝은 색상의 장판과 연 그레이 벽지를 사용했습니다. 전기 공정 때 안방 화장실 앞과 방문 사이에 3인치 다운 라이트를 추가했습니다. 방 전체를 밝혀주는 직부등을 사용하고 싶지 않은 최소의 불빛이 필요할 때 다운 라이트만 사용하면 됩니다. 방 조명을 설치할 때 당연하다는 듯이 있던 자리에 그대로 설치하는 것이 아닌 방의 중심을 고려해 위치를 이동하면 좋습니다. 물론 벽 끝에 다운 라이트나 부수적인 조명이 들어간 경우에는 조명의 조화를 고려합니다.

주로 목공, 타일 등의 공정이 끝나면 공사 폐기물들이 생깁니다. 대부분의 인부들이 가져가지 않으며 폐기물 마대를 사다 현장에 두면 인부들이 작업을 하면서 담아 놓습니다. 폐기물이 발생하는 작업이 끝난 후 폐기물 처리하는 인부를 부르면 됩니다. 인테리어가 완전히 끝나기 전까지는 매번 쓰레기가 당연히 발생하지만 보통 도배나 장판이 들어오기 전 순

도배, 장판 공정으로 인테리어 진행 전, 후

다운 라이트 추가로 인해 1구였던 안방 스위치를 2구로 교체 전, 후

인테리어 과정에서 발생하는 폐기물

서에 폐기물을 처리하는 편입니다. 그래야만 집 전체를 공사하는 도배, 장판 공정 때 작업자분들이 수월하게 일을 진행할 수 있습니다.

최소의 비용으로 최대의 효과를 낸 가성비 인테리어

지금부터 예를 들 집은 1억 원 이하의 공시지가가 낮은 빌라입니다. 이에 따라 받을 수 있는 전세가는 높지 않았습니다. 빨간 벽돌의 구축 빌라인 데다가 관리가 안 된 집 내부인지라 수리가 필요했습니다. 전세가를 고려해 적당한 금액 내에서 인테리어를 진행했습니다. 금액의 비중이 큰 새시는 상태가 괜찮아 교체하지 않았고, 화장실은 한 번 수리를 한 상태였기 때문에 타일을 제외한 도기 및 수전만 교체했습니다.

최소한의 인테리어로 최대의 효과를 낸 화장실 전, 후

내려온 벽 철거로 인해 넓어보이는 모습

다음 페이지는 변기와 세면대, 수전만 교체한 청소 전 모습입니다. 인테리어 진행 전 사진을 보면 무엇보다도 노란색으로 색이 바랜 줄눈 및 실리콘이 신경쓰입니다. 셀프로 노란색 부분을 덜어내 실리콘을 재시공하였습니다. 화장실 창문 옆 비데 연결을 위해 막무가내로 연결해 놓은 콘센트는 변기 옆으로 옮겼습니다. 물론 세면대 옆에 콘센트가 하나 더 있어서 구석으로 편하게 이동시켰습니다.

주방과 방 천장에는 길게 내려온 벽이 있었습니다. 시야를 막는 부분을 모두 철거했고, 막대한 소음이 발생했습니다. 이러한 상황을 예상해 빌라 이웃 주민분들에게 선물을 돌리며 미리 양해를 구했습니다. 새시 창 아래에는 단열재를 넣어 추위를 막는데 노력했습니다. 베란다 방문을 포함한

화이트톤으로 맞추어 넓어보이는 거실 전, 후

새시 옆 뚫려있던 빈 곳까지 목공 공정을 통해 막아주었습니다.

방문과 문틀을 모두 철거 후 새로 설치했습니다. 방문 설치 중 목수분에게 연락받았는데, 벽이 너무 기울어져 있어 방문을 새로 설치할지라도 문제가 있을 수 있다는 내용이었습니다. 최대한 노력을 해보겠다는 말과 함께 자세하게는 기울어진 각도로 인해 방문을 열면 알아서 자동으로 문이 닫힐 것이라는 말이었습니다. 바로 잡기에는 많은 작업과 추가 금액이 발생하기 때문에 잘 진행되기를 기원했습니다.

이처럼 반 셀프와 구축 빌라는 예상하지 못한 변수가 많이 발생한다는 공통점을 가지고 있습니다. 다행히도 모든 작업이 끝난 후 현장 점검을 하러 갔을 때 문이 정상적으로 작동했습니다. 안도의 한숨과 함께 오래되고 낡은 집의 틀을 새로 잡아주신 목수분에게 감사의 문자를 보냈습니다.

주방은 구조 변경 없이 동일한 레이아웃으로 들어갔습니다. 전에 살던 분은 세탁기가 들어갈 만한 공간의 베란다가 없어 화장실에 두고 생활하셨습니다. 어쩔 수 없이 공간이 협소한 탓에 옵션으로 하부장에 세탁기를 넣었습니다. 거실 없이 바로 주방이 있는 구조인데 현관도 좁은 탓에 주방을 밝혀줘야 하는 조명이 현관에 가까이 자리 잡고 있었습니다. 하나의 조명이 현관부터 주방까지 사용되고 있었던 것입니다. 집의 메인인 주방 싱크 앞에 조명을 새로 설치했고, 방 앞과 현관은 구멍을 뚫어 다운라이트를 시공해 주었습니다.

인테리어를 할 때마다 전기 공정이 들어가기 전 에어컨 단독 배선을 제

깔끔해진 부엌과 공간활용을 최대화한 세탁기 배치 전, 후

일 먼저 점검합니다. 특히나 오래된 빌라일 때에는 에어컨 단독 배선이 되어 있지 않아 에어컨을 사용하면 차단기가 떨어질 확률이 높습니다. 이를 미연에 방지하고자 에어컨 단독 배선을 진행합니다.

에어컨 전용 단독 배선

CHAPTER 2

빠르고 지혜롭게
임차인을
만나는 법

부동산 중개업소를
내 편으로 만드는 법

삶은 우리가 무엇을 하며 살아왔는가의 합계가 아니라,
우리가 무엇을 절실하게 희망해 왔는가의 합계이다.
-호세 오르테가 이 가세트

부동산 거래를 위해 부동산 중개업소에 올라온 매물들은 사유가 평범하고 일반적입니다. 그러나 경매가 진행된 우리의 부동산은 주변에 소문이 어느 정도 노출된 상태이고 관심이 많았던 물건입니다. 그러다 보니 높은 가격에 매물을 올리면 시샘하듯 깎아내리려는 인간의 심리를 볼 수 있습니다.

경매를 진행한 건 부동산의 문제가 아니고 부동산을 소유한 사람의 사유에 의한 문제인데, 그에 따른 부작용은 낙찰자의 몫이 됩니다. 심지어는 신혼부부에게 "경매 넘어간 집이니 재수가 없다, 다른 집을 고민해봐라." 라는 중개사도 본 적이 있습니다. 남의 소중한 집을 자신이 재수가 있는지 없는지 혼자 판단하는 우를 범하는 것입니다. 그런 상황일 때 주인이 된 우리 입장에서 불편한 점이 생긴 것이니 미연에 방지해 놓는 것이 좋

209

겠습니다.

임장 다닐 때 경매를 위해 부동산을 방문했다고 밝히는 경우도 많이 봤습니다. 낙찰받은 후 부동산이 제시하는 금액으로 손쉽게 매도하거나 임대를 맞추는 상황도 종종 보게 됩니다. 믿고 사는 세상에 처음부터 내 목적을 밝히고 정직하게 사는 건 좋은 것이라 봅니다. 하지만 만에 하나 방문해서 정직하게 내 입장을 밝힌 부동산에 내가 입찰할 물건의 경쟁자가 있다고 가정해 본다면 그것이 과연 바람직한 방법일까요? 경쟁자를 위해 훌륭한 정보를 같이 알자고 가르쳐 줄 통 큰 사람이 없다는 가정하에 굉장히 위험한 접근법입니다. 우리의 인근 부동산 임장 목적은 경매 물건과 비교해서 더 좋은 물건이 있으면 매매로 살 수 있다는 전제하에 접근해야 합니다.

고가의 낙찰을 받아 놓고 현장 조사를 게을리한 탓에 현장에 매물이 더 저렴한 좋은 조건으로 있다면 경매하는 목적을 잃은 것이기 때문에 항상 비교 물건 가격 조사를 위해 부동산 방문 조사를 게을리하면 안 됩니다.

물론 손품으로 부동산 매물 사이트에서 현재 있는 물건을 목록으로 정리하고, 현존하는 물건인지 과장되게 광고된 건 아닌지 확인하는 절차를 현장 방문이라 합니다. 현장 근처 부동산을 돌다 보면 부동산 중개업소도 사람이 운영하는 곳이라서 마인드가 맞고 대화가 통하는 곳을 만날 수 있습니다. 이런 곳은 낙찰받은 후 우리 물건을 중개해 줄 소중한 업체입니다.

매번 방문할 때 커피믹스를 한 웅큼 챙겨 나오는 것이 아니라 커피믹스 한 박스를 사가서 점심 식사라도 편히 할 수 있게 내 편으로 만드는 게 중요합니다. 평상시 주 거래처 부동산을 만들었다면, 2년마다 임대차 계약서를 써야 하는 상황에서 내 편과 함께 계약을 진행하는 이점이 생깁니다.

오래 하다 보면 지역별로 나의 주 거래처가 계속 생겨나서 명절 인사를 서로 나눌 수 있는 사이로 발전하게 됩니다. 10년 전 거래했던 부동산 대표님과 우연히 타지역에서 다시 만나 소개받은 물건이 큰 수익을 낸 적이 있습니다. 평상시 좋은 인상을 남겼기에 좋은 물건을 소개받는 행운도 함께했던 것입니다. 세월 값, 인연 값을 톡톡히 치른 결과물이라 할 수 있습니다.

빠르게 세입자를 만나는
효과적인 홍보법

누구나 재능은 있다. 드문 것은 그 재능이 이끄는 암흑 속으로 따라 들어갈 용기다.
- 에리카종

임대를 내놓을 때 집을 객관적인 관점으로 보지 못하면 무조건 내 집만 좋다고 생각하게 됩니다. 그러면 주변의 부동산과의 경쟁에서 쉽게 이길 수 없습니다. 내 집이 예쁘고 소중하다면 그에 맞는 대우를 받을 수 있게 화사한 변신(리모델링)을 해서 강한 힘을 발휘하게 하거나, 경쟁자보다 우월한 점을 어필하는 노력이 필요합니다. 임장하고 낙찰받고 명도까지 마무리한 귀한 내 부동산이 제값을 받도록 해주어야 합니다.

낙찰받기 전 임장 시기에 우리는 임대가와 매도 가격을 이미 산정해 놓은 상태입니다. 그러다 요즘 같은 상승기에 명도까지 완료하는 시점에서 상승분이 발생했다면 보너스를 챙긴다는 마음으로 즐겁게 다음 과정을 진행합니다.

임대 시세를 내 물건지 반경 어디까지 두고 비교해야 하는가에는 정해진 기준이 없습니다. 그 집에 입주할 수 있는 가상 임차인과 가상 매수인을 예상하여 누가, 어디서 어떤 교통수단으로 이동을 계획하는 지까지 폭넓게 시나리오에 넣어야 합니다.

예를 들어 지하철 노선에서 같은 노선을 타고 30분 거리까지는 이사할 수 있는 고객층에 해당합니다. 6호선 이태원 거주자가 6호선 증산역까지 이사할 수 있다고 가정하고 광고를 할 줄 알아야 합니다.

젊은 층이 주로 거주하는 성수동 같은 지역은 서울이나 수도권 전역에서 매물 문구를 보고 관심을 보일 수 있다는 예측도 가능합니다. 반대로 본인의 생활반경을 지켜야 하는 연령층은 주변 개발로 인해 이주해야 할 때 멀리 이주하는 걸 두려워하거나 꺼립니다. 그러므로 주변 부동산이 많이 상승하는 결과를 초래합니다. 여기서 힌트를 얻을 수 있겠죠? 이주 예정인 재개발 주변 지역 부동산들의 가격 상승분을 예측해 볼 수 있습니다. 더 나아가 수요도 조사에서 투 룸 수요가 많은 지역에서는 과감하게 쓰리 룸을 투룸으로 바꾸고, 쓰리 룸이 수익을 더 만들어 준다면 투 룸을 쓰리 룸으로 변화시킬 수도 있겠지요.

투 룸에서 쓰리 룸으로

다음 페이지의 예시 부동산은 마포구 쓰리 룸이 전세가가 높다는 조사에 의해 투 룸 빌라를 가벽(임시 벽)을 만들어서 쓰리 룸으로 만든 예입니다. 물론 조사를 확실하게 한 덕분에 예상은 적중했고 임차인으로 연예인을 맞이하게 됩니다.

시공 전 평면도 1

깔끔한 화이트 톤의 인테리어 전, 후

쓰리 룸에서 투 룸으로

같은 마포구이지만 엘리베이터가 없는 4층 구축 빌라이고 거실이 따로 없는 쓰리 룸 빌라입니다. 그래서 제값을 받고 임대차계약을 할 수 없는 쓰리 룸을 과감하게 투 룸으로 바꾸고, 바뀐 방은 다이닝룸 기능을 주어 작가 님을 세입자로 만난 사례입니다.

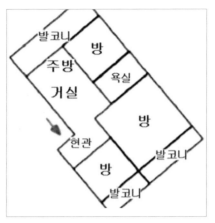

시공 전 평면도 2

화사하고 깔끔한 느낌으로 재탄생한 모습 전, 후

반려동물 키우는 세입자라면
이것만은 요청하세요

할 수 있는 일을 해낸다면, 우리 자신이 가장 놀라게 될 것이다.
-토마스 A. 에디슨

간혹 부동산 매물 사이트에는 '반려동물 동반 입주 불가'라는 문구가 보입니다. 아직도 그런 문구가 보이긴 하지만 요즘 반려동물을 키우는 사람들 인식에서는 반려동물은 가족과 다름없지요. 그러므로 같이 사는 가족의 입주 여부를 임대인이 좌지우지하는 건 바람직하지 않습니다. 다만 현 시설물을 많이 훼손한 부분은 사람이나 동물이나 책임지고 원상복구 하는 조항을 넣어서 법적으로 안전하게 계약하는 것이 좋습니다.

저는 인테리어에 신경을 많이 씁니다. '그 동네에서 제일 예쁜 집, 제일 탐나는 집'이 제가 추구하는 모토입니다. 그렇지만 그건 임대인의 소중한 자산이고 그 자산만 손상 없이 지켜주는 조건이면 임차인의 라이프스타일에 간섭할 권리는 없다고 생각합니다. 그러므로 계약서에 특약 사항을 합의하고 다음과 같이 써넣습니다.

> \# 현 시설 상태를 그대로 유지하거나 원상복구 의무는 세입자에게 있다.
>
> \# 반려묘와 동반 입주 시 퇴실할 때는 청소업체의 비용을 지불한다.

애묘인으로서 고양이 털의 단점을 알기에 이 조항은 필수 항목입니다. 다른 임대인분들의 인지가 빨리 바뀌어서 반려인들이 맘 편히 입주하시길 바랍니다. 그러나 한편으로는 다른 임대인분들이 이 점을 인지하지 못하셔서 모든 반려동물이 있는 세입자를 우리의 고객님으로 모시고 싶은 그런 마음도 드네요.

국내 1위 부동산 직거래 커뮤니티

 피터팬의 좋은방 구하기

[투룸] 2.7억/ 　도보 3분/올리모델링 첫입주/대출 반려동물가능

▶ 상세 설명 :
올리모델링 후 첫입주입니다!
　　　1번출구 도보 3분
버스정류장 도보 2분 다양한 버스노선 / dmc 출근 용이
불광천 산책로 +편의점 마트 약국 병원 등 모든 편의시설 도보 10분 이내! 생활최적화 지역
반려동물 세입자 환영
올수리 구옥(02년식)이여서 거실 넓은 투룸이에요
남향으로 채광도 좋습니다 :)
주택가여서 조용하고 앞집과의 도로가 넓어 주차도 편하게 가능합니다

세입자를 구하는 홍보 문구 제시 예

당신이 현명한 임대인이
되고자 한다면 이렇게

자신이 될 수 있는 존재가 되길 희망하는 것이 삶의 목적이다.
-신시아 오지크

현명한 임대인으로 사는 법

어느 날 임차인이 못을 박고 싶어 허락을 받고자 하는 문자를 보냅니다. 당연히 가능한 일입니다. 그러나 "너무 과하게 많은 곳에 못을 박으면 풍수적으로 돈이 새어 나간다고 합니다. 경매를 오래 해서 풍수지리에도 관심이 많아서 하는 조언입니다."라고 답장을 보냅니다. "못을 3개는 박아도 되지만 4개는 안 됩니다."라고 하는 세상은 아니었으면 합니다. 물론 집을 많이 훼손시키는 몰상식한 세입자도 더러 있습니다. 그럴 때는 원상복구를 요구하세요. 이러한 특수 상황이 아니라면 임대 준 기간까지는 임차인의 집입니다. '맘 편히 사용하시고 내 집이라는 생각으로 집을 아껴주세요'라고 부탁하는 건 어떨까요?

그러나 딱 한 가지 경험상 임차인의 실내 흡연은 규제가 필요했습니다.

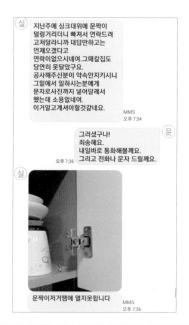

실 지난주에 싱크대위에 문짝이
덜렁거리더니 빠져서 연락드려
고쳐달라니까 대답만하고는
언제오겠다고
연락이없으시네여.그때칼집도
당연히 못달았구요.
공사해주신분이 약속안지키시니
그밑에 일하시는분에게
문자로사진까지 넣어달래서
했는데 소용없네요.
이거알고계셔야할것같네요.
MMS
오후 7:34

윤 그러셨구나!
죄송해요.
내일바로 통화해볼께요.
그리고 전화나 문자 드릴께요.
오후 7:36

실 문짝이저거땜에 열지못합니다
MMS
오후 7:36

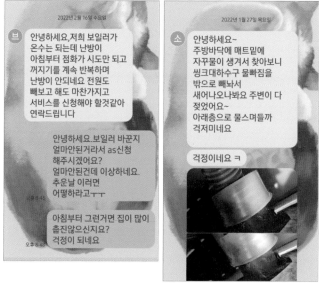

2022년 2월 16일 수요일

브 안녕하세요,저희 보일러가
온수는 되는데 난방이
아침부터 점화가 시도만 되고
꺼지기를 계속 반복하며
난방이 안되네요 전원도
빼보고 해도 마찬가지고
서비스를 신청해야 할것같아
연락드립니다

안녕하세요.보일러 바꾼지
얼마안된거라서 as신청
해주시겠어요?
얼마안된건데 이상하네요.
추운날 이러면
어떻하라고ㅜㅜ
오후 6:46

아침부터 그런거면 집이 많이
춥진않으신지요?
걱정이 되네요
오후 6:48

2022년 1월 27일 목요일

소 안녕하세요~
주방바닥에 매트밑에
자꾸물이 생겨서 찾아보니
씽크대하수구 물빠짐을
밖으로 빼놔서
새어나오나봐요 주변이 다
젖었어요~
아래층으로 물스며들까
걱저미네요

걱정이네요 ㅋ

임차인과 주고받은 문자메시지들

엄연히 담배는 기호식품이지만 실내에서만은 안 된다는 겁니다. 특히 화장실은 다른 세대와 연결된 통로입니다. 우리 집의 손상은 두 번째 문제입니다. 윗집 아랫집 민원이 주인에게까지 전달되는 상황은 미연에 방지하시는 게 좋습니다.

올 리모델링을 한 집이라서 싱크대 역시 새로 설치했습니다. 전 페이지의 사진에서 보면 간단한 마감 하자입니다. 나사를 벽면에 고정하지 않은 싱크대 설치 업자도 실수이지만, 전동드릴을 꺼내서 간단히 나사를 고정만 시켜주면 되는 상황인 것은 분명합니다.

임대인은 관리인이 아닙니다. 이 집은 세입자가 정당한 돈을 지불하고 약정 기간까지 주인으로 살 수 있는 자격을 넘겨받은 겁니다. 스스로 할 수 있는 것조차도 임대인에게 떠넘기는 습관을 이렇다 저렇다 한다는 게 너무 주관적인 고정관념일 수 있습니다. 그러나 당신은 5백만 원으로 1백억 원이 넘는 자산을 만든 노하우를 알고 싶어서 읽고 계실 것으로 믿기에 말씀드립니다.

어떠한 상황이건 마인드가 중요합니다. '세입자라서 정당한 권리를 주장한다?' 또는 '이 집의 주인은 이제 나야. 이 정도는 내가 알아서 해보는 거야.'라는 생각 중 어떤 마인드로 집을 대하시겠습니까?

후자가 지금은 임차인일지라도 훗날의 임대인이 되는 길에 도움이 되는 밑거름일 수 있습니다. 임대인 트레이닝을 미리 하신 분이 더 빠른 시간에 임대인으로 살아가실 겁니다.

정부에서 임차인을 약자라고 생각하여 만든 '임대차 3법'이 있습니다.

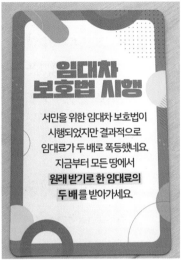

건물주 마블 게임의 임대차보호법 카드 내용

위의 사진에서 보면 놀이에 사용하는 '건물주 마블'이 있습니다. 카드에 적힌 '임대차 보호법 시행'을 읽고 깜짝 놀랐습니다. 임대차 보호법은 임차인을 보호하는 법이 아니라 피해를 가중하는 법이라는 것을 성부만 모르는 것이 아닌가 싶습니다. 세입자는 '보호받아야 할 약자'라는 마인드는 하나도 도움이 되지 않습니다. 임대인과 임차인을 편 가르기 하는 프레임 또한 바람직하지 않습니다.

CHAPTER 3

지금 당장
마인드부터 임대인으로
무장하기

경매공부의 잘못된 습관,
강의 노마드

아무런 위험 없이 승리하는 것은 영광 없는 승리에 불과하다.
- 피에르 코르네유

참 하는 일마다 안 되던 시절이 있었습니다. 대체로 튀는 스타일에 속했던 저는 그 모습이 눈에 거슬리는 반대파가 매번 등장했고, 윗사람은 감당이 안된다고 포기하는 편이었습니다. 성공하고 싶었지만 누구처럼 뒷배가 두둑하지도 않은데 주변에서는 예쁜 눈으로 보시 않나 보니 실력이 없다는 생각이 많았습니다. 그래서 실력을 증명할 수 있는 건 국가에서 인정하는 자격증을 취득하는 것이라고 생각했습니다. 경매 인생에 필요 없는 것들이지만 결핍이 많았던 그 시절, 취득한 자격증을 기념품처럼 아직 가지고 있습니다. 제과제빵 자격증, 꽃꽂이 자격증, 태권도 유단자 증, 방과 후 지도사 자격증, 논술지도사 자격증 등을 가지고 있지요. 더 나열하다가는 창피함이 엄습할 것 같습니다. 돌이켜 보면 할 수는 없지만 이루고 싶은 건 많은 허기 때문인 듯합니다.

현시점에는 각종 분야의 강의들이 더 많아졌습니다. 듣고 싶은 것을 다 들다 보면 강의료로 생활비를 쏟아부어야 할 정도입니다. 강의료도 비싸지만 금쪽같은 시간 낭비도 무시할 수 없습니다. 강의를 들을 때와 나오는 순간까지는 강의가 온전히 내 것인 것 같습니다. 그러나 일상의 본업으로 다시 돌아왔을 때 강의를 다시 생각해 보면 그 강의는 앞선 멘토의 지식 청취였을 뿐입니다. 그러므로 강의를 듣기 전에 반드시 강사의 자질과 경험을 점검해 보시기 바랍니다.

현재 강사가 투자 현장에 있는지, 강사가 강의하는 목적이 제 밥그릇 채우기에 있는 건 아닌지를 반드시 파악해야 시간과 돈 낭비를 막을 수 있습니다. 많은 사람들이 강의만 쫓아다니고, 집에 가는 길에 강의를 들었다는 그 안도감으로 흐뭇한 성취감에 빠져 하루를 마무리합니다. 경매 실전 보다 동기들과의 만남에 의의를 둔다면 주객이 전도된 사실을 빨리 파악하는 게 현명한 판단입니다.

강의는 실천하기 위한 동기부여용으로 들으시기를 바랍니다. 매일 매일 포기하고 싶은 나약함을 이겨내기 위해 동료 수강생이 있는 겁니다. 또한 외롭고 험한 투자의 길을 의지하고 의논하기 위해 멘토가 필요합니다. 금수저들도 투자할 때는 공부하고, 전문가에게 상담받습니다. 투자를 위한 필요한 기본 지식과 부동산 시장의 당시 중요 포인트 정도는 습득한 후 투자합니다. 전문가에게 상담받지만 최종 결정은 본인의 선택이기 때문에 사전에 준비하는 것이죠.

본인이 잘 모르는 부분은 절대 투자하지 않고, 알 수 있을 때까지 공부를 한 다음에 투자를 시작합니다. 그렇게 투자한 금수저들은 보통 사람들에 비해 더욱 적극적으로 자산관리를 합니다. 어딘가에 맡기고 '알아서 잘하 겠지'라는 마인드를 갖고 있지 않습니다. 약간의 조언만 구할 뿐입니다.

절대 강의 노마드 용으로 본인의 귀중한 재산을 누군가에게 주는 일은 없길 바랍니다. 어느 날 이투스 대표 강사인 정승제 씨는 강의 중 학생들 에게 이런 말을 했습니다. "이 세상에서 제일 나쁜 일이 뭔지 알아요? 목 표는 높은데 실천을 안 하는 것, 꿈은 큰데 실천을 안 하는 것, 그것처럼 불행한 인생이 어디 있습니까? 그럼 평생 고통스럽게 살아요."라고 말입 니다. 어제 모여서 한 잔 술에 동기들끼리 의리를 다지셨다면 그 또한 잊 으시고 실천할 수 있는 방법을 연구하는 시간으로 채우시길 바랍니다.

진짜 부자는
부자의 마인드를 가지고 있지요

당신이 바라거나 믿는 바를 말할 때마다, 그것을 가장 먼저 듣는 사람은 당신이다.
그것은 당신이 가능하다고 믿는 것에 대해 당신과 다른 사람 모두를 향한 메시지다.
스스로에 한계를 두지 마라.
-오프라 윈프리

경매는 인생을 주제로 하는 영화와 같습니다. 경매는 다른 말로 돈입니
다. 돈 때문에 벌어지고 돈 때문에 슬프고 돈 때문에 웃고, 주연배우도 조
연배우도 모두 돈에게 지는 게임을 하는 영화 같습니다. 인간관계에서 서
로 서운하게 되는 것도 이유는 돈, 서로 이해 못 하는 것도 돈을 먼저 생각
하는 인성 때문에 생기곤 합니다. 돈 공부와 인생 공부를 한 번에 할 수 있
는 경매를 오래 하다 보니 자꾸 신선 같은 말투로 잔소리를 늘어놓게 됩
니다.

알고 지내던 성실한 후배는 어려운 가정생활 속에서도 스스로 자립하
려고 일과 공부를 병행하며 열심히 살아갔습니다. 그 후배에게 도움이 필
요하면 언제든지 저는 도우려고 노력했었습니다. 일명 재능 나눔이었지
요. 하지만 지금은 여러 가지 경험을 계기로 재능을 무료로 나누는 행위

는 하지 않습니다.

처음에는 이렇게 소중한 지식을 어떻게 무료로 나눌 생각을 하느냐며 극찬하던 지인들은 차차 익숙해지는 시기가 오면 당연한 권리이고 단 하나만 지켜달라는 저의 당부도 잊게 됩니다. '돈 앞에서 겸손하고 돈은 내 소유가 아니고 나눌 준비를 하자'는 부탁은 퇴색되기 일쑤였습니다. 돈이 되는 물건을 놓고 서로 입찰하겠다고 싸우고 모략질 하고 아비규환이 되어버려 마치 영화 〈신과 함께〉의 한 장면 같았습니다. 저도 좋은 경매물건을 아까운 마음 없이 지인에게 양보했을까요? 단지 '그 부동산이 그 사람에게 생명줄이겠구나!'라는 판단이 서면 양보했던 것입니다.

한 물건을 전해주면서 말합니다. "만약 이 물건을 입찰하기에 가지고 있는 돈이 부족하다면 모든 조건의 대출 중 가장 수익이 많이 나는 대출 조건을 찾아서 대출도 할 수 있게 도와줄게."라고요.

잔금을 치르고 이것저것 고칠 곳도 잘 고쳐서 적절한 가격에 새 주인(세입자)을 찾습니다. 여기까지가 한 사이클입니다. 그 후 운이 좋은 사람은 통장에 돈이 늘어나 있습니다(플러스 피 투자).

그러나 시간이 지나면 도와주었던 이들의 인성이 차차 본색을 드러냅니다. 딱 하루, 낙찰 당일 '감사하다'는 인사를 받습니다. 낙찰자는 많은 과정이 진행되는 동안 수업을 단단히 받게 됩니다. 너무 쉽게 진행되는 경매 과정에서 큰 수익이 나는 것을 지켜보면서 자신감이 생겨나나 봅니다.

그 후 연락도 뜸해지고 감사한 마음은 표정에서부터 사라진 상태였습니다. 물론 낙찰 당시 저는 '내가 도운 게 아니라 하늘에서 주신 것'이라고 말합니다. 이 멘트는 멋있으려고 하는 것도 아니고, 사람에게 받을 상처를 하늘에게 돌리는 저만의 상처 방지와 다름없습니다.

그러면 낙찰자는 '이런 돈을 벌 게 된 건 전부 나의 운이고 내가 잘해서 수익이 많이 난 것이구나'라고 생각하나 봅니다. 그렇게 태도가 변한 지인에게 운과 돈이 계속 함께 할지는 의문입니다.

돈 앞에서 초연해지는 사람이 과연 얼마나 있을까요? 하지만 진짜 부자가 되려면 부자의 마인드를 반드시 가져야 합니다. 진정한 부자는 돈에게 끌려다니거나 자신의 영혼을 내어주지 않습니다. 돈 보다 소중한 가치를 확고히 지키지요. 그래야 돈도 부자를 알아보고 따라옵니다.

돈 새는 구멍부터
철저히 막아야 부자가 됩니다

부자가 되고 싶다면 소비 습관부터 바꿔야 합니다. 돈을 벌어도 지킬 줄 모른다면 말짱 도루묵이기 때문이죠. 월급이 1천만 원쯤 되는 20~30대를 종종 만납니다. 이 정도 월급이면 신의 직장 정도는 됩니다. 금수저가 아닌 이상 저축을 50% 이상 했을 겁니다. 그러나 대부분은 신기하게도 모은 돈이 없다고 합니다. 주식으로 잃은 돈은 극히 일부인데 핑계는 투자를 잘못했다고 합니다.

정말로 투자를 잘못한 건지 본인의 돈이 줄줄 새는 생활 습관을 지닌 건지는 금방 답이 나옵니다. 지인 중 남편 월급이 2백5십만 원 정도인데, 4인 가족이 살면서 본인이 근근이 아르바이트해서 5천만 원을 종잣돈으로 모은 경우도 있었습니다.

극단적인 반대 예시지만 남에게 인색하지 않으면서도 저축이 가능한 삶을 권합니다. 저는 자린고비로 살라는 말은 하지 않습니다. 단순히 내 생활비에서 남의 눈을 즐겁게 하는데 쓴 돈만 줄여보는 걸 추천합니다. 예를 들어 명품을 사는 것은 생각해 보면 기능적인 구매가 아니라 남의 눈을 즐겁게 하는 게 제일 큰 역할입니다. 채무자는 사업에 실패해서, 단순히 빚을 못 갚아서 부동산을 경매에 넘기는 걸까요? 경매에 나온 집을 보면서 나의 소비 습관을 되돌아보게 됩니다.

가진 것이 없던 시절에는 친구를 만나러 나가는 자리인데도 내 옷, 내 가방의 브랜드가 중요했습니다. 얼마나 나 자신에게 자신감이 없으면 그 명품 뒤에 숨고 싶었을까요? 명품 가방을 드는 모두를 얘기하는 게 아니고 바로 저에게만 국한된 얘기입니다. 임장을 다니다 보면 명품 가방이 가죽이면 무거워서 싫습니다. 갑자기 소나기라도 내리면 가방부터 보호해야 하니까요. 더는 가방 때문에 신경 쓰기가 싫어서 그나마 가지고 있던 브랜드 가방조차 처음 사 올 때 담겨 오던 주머니에 넣어 장롱 깊은 곳에 넣어둡니다. 에르메스와 샤넬은 줄 설 시간이 없어서 못 삽니다. 프라다와 루이비통은 그 원단을 주고 사기에 돈이 아깝습니다. 참 적당한 핑계를 잘 찾아냅니다. 가방 살 돈을 꼭 기부에 쓰기 위해 만든 이유입니다.

물론 열심히 일해서 돈을 많이 벌고 그에 맞는 명품을 사는 것도 인생의 낙입니다. 하지만 저는 지금 명품 가방을 사는 대신, 길에 버려진 동물들을 돌보는 데 돈을 쓰고 더 많은 행복을 꾸준히 느끼고 싶습니다.

나를 26채 집주인으로 만든 건 인생 책 덕분입니다

절대 허송세월 하지 마라. 책을 읽든지, 쓰든지, 기도하든지, 명상하든지,
또는 공익을 위해 노력하든지, 항상 뭔가를 해라.
-토마스 아 켐피스

인생의 낙을 전부 포기했었던 시절, 한 가지에만 매달렸습니다. 바로 동
네 도서관에서 무료로 대여해 주는 책이었습니다. 이것마저도 안 하면 죽
을 것 같았습니다. 성격이 까다로운 탓에 남이 읽던 책을 읽는 것은 선뜻
내키지 않았습니다. 궁리하다가 도서관에 새 책 구비를 요청했고, 매일
매번 5권씩 새 책으로 대출했습니다.

닥치는 대로 읽었습니다. 딱히 할 일이 없었고 죽지 못해 살 만큼 의욕
이 없던 시절이었으므로 독서로 시간을 보냈습니다. 도서관에 새 책을 먼
저 선점하는 희열이 생기면서 각종 도서를 편식 없이 읽어 내려갔습니다.
대여의 기준은 누구의 손을 안 탄 새 책이었습니다. 이 당시 읽었던 책을
전부 기억하지는 못하지만, 제 생각과 생활에 큰 영향을 주었고, 지금도
그때 읽었던 책 덕분에 다양한 지식과 지혜를 활용하게 됩니다. 가끔은

책장 가득 꽂혀 있는 부동산 관련 서적

제 생각인지 책에서 읽은 이야기인지 헷갈릴 때가 있어서 매번 "어디서 들은 얘기인데 ~"로 이야기를 시작하곤 합니다. 그때 알았습니다. '책에서 한 가지만 내 것으로 만들어도 3백 권을 읽으면 3백 가지를 얻게 되는 구나!' 하고 말입니다. 그 당시 생긴 독서 습관이 자산의 복리를 만들었습니다. 이는 책을 읽기에 충분한 이유가 될 수 있을 것입니다.

요즘 저는 대형서점에 들렀다가 퇴근하곤 합니다. 주거지나 근무지 도보권에 항상 대형서점이 자리 잡고 있습니다. 대형서점이 인접한 건 북세권이라 말하면 될까요? 갈 때마다 신간이 쏟아져 나와 있고 '어디 나를 유혹해봐라!' 싶어 늘 몇 권의 책을 사게 됩니다. 그 많은 책을 매일 매일 다 읽지는 못합니다. 하지만 구매한 책에서 딱 한 가지만 얻어내도 그걸로 책을 덮습니다. 책은 읽기 위해 산다기보다는 구매한 책 중에서 언제라도 참고할 것을 꺼내 보기 위해 삽니다.

필자의 인생을 바꾼 책들

위의 책 중에서 《1008번의 실패 1009번째의 성공》은 현재 절판되었습니다. 가까운 도서관에 책이 있다면 읽어 보는 것도 좋은 방법입니다. 하지만 구할 수 없는 상황이라면 국립중앙도서관에서 복사 서비스를 추천합니다. 저작권 법 상 한 번에 3분의 1만 복사 신청을 할 수 있지만, 세 번 신청하면 온전히 한 권을 읽어 볼 수 있으니까요.

힘든 시기, 독서는 마음의 양식이 아니라 다 죽어가는 저의 소생을 위한 불씨였습니다. 저처럼 이 책을 읽으신 분들 중 딱 한 명만이라도, 절망 속에 있다면 다시 살아 낼 용기를 얻으시길 바라는 마음입니다. 꼭 그 한 분이 당신이기를 희망합니다.

지금은 임차인이라도
마음껏 미래 임대인을 꿈꾸세요

희망은 어떤 상황에서도 필요하다
-새뮤얼 존슨

임대인과 임차인은 분명히 입장 차이가 있습니다. 부동산을 가운데 두고 서로 손해 볼 일을 최소화하기 위해 바짝 긴장하고 팽팽한 줄다리기를 하는 모습처럼 보입니다. 자녀를 같이 양육하는 부모의 마음이면 양보도 가능하고 이해심도 넓어질 텐데 말이죠.

저는 가지고 있는 집이 자식처럼 느껴집니다. 임차인한테 잠시 맡기는 기분이라서 항상 잘 부탁드린다는 마음가짐입니다. 그렇게 새입자(세입자가 아니고 새로운 입주자란 저만의 표현)를 맞이합니다. 내 자식을 부탁해야 하니 항상 저자세를 유지하려 하고, 새입자의 입장을 이해하려 합니다.

그렇게 하고 보니 상대적으로 인성이 훌륭한 임차인을 만나는 일이 더 많아졌습니다. 그 집에 입주하는 분들을 임대차 계약서 쓰는 날 잠깐 보고 거의 모든 일을 문자나 통화로 대화하다 보니 2년 내지는 4년 동안 얼굴 한 번 볼일이 없습니다. 그러던 중 어쩌다 평생 임차인으로만 살 것 같은 마인드를 가진 분을 만나면 걱정이 앞서게 됩니다. '저런 마인드를 가지고 있으면 언제나 소라게처럼 남의 집만 옮겨 다니는 삶이 될 거 같은데 왜 임차인의 삶을 권리라고 여길까?' 하는 의문이 생기지만 절대 시시비비를 가려서 따지지 않습니다. 입장을 바꿔서 생각하는 역지사지를 실천하면서 소양을 키울 수 있는 아주 좋은 기회가 임대인인 저한테 온 거니까요.

신은 인간이 담을 만한 크기로 성장했을 때 딱 그만큼의 재물을 주시더라고요. 그러니 지금은 임차인으로 살더라도 언젠가는 임대인으로 살 사람이니까 임대인 마인드를 이해해보는 건 어떨까요? 혹여 역량이 부족한 임대인을 만나면 그렇게 사는 모습이 부끄러울 수 있게 큰 마음을 보여주는 것 또한 제안합니다.

보통의 사람들은 일희일비하는 경우가 많습니다. 집이 망가졌을 때 단순히 기분 나빠하고, 집주인이 수리해주면 좋아하는 것에 그치기보다는 같은 시간, 같은 장소를 다르게 보고 접근하길 바랍니다. 평생 부자로 산다는 보장이 없듯 상황은 언제나 바뀝니다. 임차인 입장에서 갑자기 임대인이 된 후 당황스러움을 겪지 않기 위해, 임대해서 사는 현재부터 '이 집의 주인은 나다'라는 마음으로 그 집을 아끼고 사랑해주면 좋겠습니다.

집이 고장이 나면 임대인에게 전화 통보를 하기보다 관심을 갖고 고치려고 애를 써보세요. 집을 이것저것 고치다 보면 셀프 인테리어의 매력을 알게 되고, 무료로 집수리를 실습할 좋은 기회가 생깁니다.

생각을 바꾸면 손해라 생각했던 것도 이익이 되는 게 많습니다. '내가 남의 집인데 고치면서까지 살아야 해? 아이고 부당하고 억울해'라는 마음 보다는 '내가 남의 집에 살지만 이것저것 집에 관해 공부해 볼 수 있는 좋은 기회인데 주인이 고쳐준다고 하기 전에 실습해 봐야지!'라고 생각을 바꿔보세요. 일어난 상황도 같고 조건도 같습니다. 그러나 생각이 바뀌면 결과는 매우 다릅니다.

임대인 마인드로 살다 보면 어느새 사는 집보다 더 훌륭한 집의 주인이 되어 있습니다. 제가 장담합니다. 저는 보증금 5백만 원에 월세 4십만 원으로 살던 시절, 남에게 싫은 소리를 못 하는 성격 탓에 손해를 보고 직접 수리할 부분을 고치고 살았습니다. 월세 임차인이 직접 고치는 일은 드물지요. 그 경험이 나중에 넘치는 숫자의 임대부동산을 가지고 있어도 너끈하게 관리할 수 있는 훌륭한 자산이 되었습니다. 하늘에서 미리 알고 훈련을 시키신 것이라고 여깁니다. 이처럼 생각의 전환이 현재의 26채 임대인의 삶을 만들어 준 건 아닐까 합니다.

고난 만렙 흙수저 인생 선배의 찐 조언

상승장에서는 3년만 부동산에 몸담고 수익을 내면 대부분 전문가 대접을 받습니다. 그분들이 앞으로 오는 하락장에 어찌 대처할지 궁금합니다. 상승장에 발을 담그면 모두 돈을 법니다. 여기저기 미리 선점해서 매수에 들어간 사람은 더 큰돈을 법니다. 빅데이터로 도대체 뭘 어떻게 예측하는지 궁금합니다. 점쟁이도 과거를 맞추는 건 쉽겠지만 미래를 예측해서 맞춰야 진짜겠지요.

저는 〈생활의 달인〉이라는 프로그램을 즐겨 봅니다. 한 분야에 10년은 족히 넘긴 분들의 실력은 경이롭기까지 합니다. 경력이 짧은 분들이 전문가라면서 섣불리 다른 사람의 인생이 걸린 상담은 자제했으면 합니다. 당신도 자신의 인생을 다른 사람에게 의지하지 마시고 직접 공부하세요. 공부로 얻은 통계와 예측이 맞습니다. 멘토를 정해놓고 약간의 조언만 구하세요.

저는 극심한 기계치입니다. 그러므로 매번 입찰할 물건의 수익률이 컴퓨터 데이터 분석으로 계산되지는 않습니다. 그러나 90% 넘는 낙찰률을 보입니다. 그 결과물의 이유는 경험과 공부에서 비롯됩니다.

'아직 아닌 것 같아요, 준비가 안 된 것 같아요'라며 하지 않으려는 핑계를 찾는 시간에 할 수 있는 방법을 찾으세요. 발품 임장으로 애를 썼다면 이 소중한 물건이 나에게 온 것도 행운이고 인연인데 꼭 가져와야 하는 각오로 노력해 보세요. 내가 바라보는 수익을 계산하고 그 수익이 도달하는 시기도 직접 정합니다.

다른 사람들의 낙찰 통계, 입찰가격 통계는 당신의 수익과는 무관합니다. 다만 나의 경쟁자가 그 방법으로 낙찰가를 정한다는 것을 알기에 경쟁자를 이길 방법으로 참고하면 됩니다. 그러나 수익을 위한 낙찰가를 썼는데도 다른 사람에게 낙찰의 행운을 넘길 때는 끝나고 꼭 왜 그런 결과가 나왔는지를 돌아봐야 합니다. 그 낙찰자가 과한 입찰가를 쓴 것인지 아니면 내가 놓친 다른 호재가 있어서 더 큰 상승분이 있었는지 계속 분석하는 습관이 필요합니다. 이렇게 나만의 데이터베이스를 만들어가는 겁니다. 저는 아날로그 인간인지라 인간 AI로 불릴 정도로 머릿속에 다 담아 두고 있습니다. 당신도 기록하시고 데이터로 남기시다 보면 저보다 속도감 있는 전문가가 되어 있을 겁니다.

뉴스에서는 20~30대가 내 집을 장만하려면 30년이 걸린다고 합니다.

저 역시 보증금 5백만 원에 월세를 내면서 살던 시절에는 상상조차 할 수 없었습니다. 수도권에 26채를 보유하고 임대인으로 사는 현실을 누가 상상이나 했겠습니까? 다시 일어나려는 의지와 그 의지를 인정한 가족의 도움이 없었다면 오늘의 결과도 없습니다.

다시 일어서기 위해 투 잡을 넘어 쓰리 잡을 뛰면서 종잣돈을 모았습니다. 새벽 2시부터 시작되는 이유식 배달은 경차가 달리기에 너무 위험한 도로 상황이었습니다. 새벽이 되면 어디선가 모이기 시작하는 스포츠카의 모임은 도로 위의 무기처럼 가속페달을 최대한 밟아대는 통에 공포심이 생겼습니다. 그러나 이를 모두 이겨내고 2015년 다시 시작할 돈 5천만 원이 모였고, 2007년 첫 낙찰보다 더 기쁜 낙찰을 받게 됩니다.

그때 다시 일어나는 신호탄을 쏩니다. 좌절 속에서 읽었던 3천 권의 도서는 충분한 인사이트가 되었습니다. 배달을 하느라 신도시를 다니고 다양한 도로망을 이용했던 경험은 최적화된 부동산 입지 전문가가 되는 데 도움이 되었습니다.

지금 임하고 계신 직업에 온 힘을 다하고 즐기시길 바랍니다. 나에게 종잣돈을 모아줄 뿐 아니라 인사이트도 제공해 줄 것입니다. 인생의 굴곡은 감사하게도 누구에게나 찾아옵니다. '감사하게'라는 표현이 불편하실 수도 있을 것입니다. 그러나 닥친 고난을 경험으로 승화시키면 감사한 결과물로 변합니다. 경험치가 쌓이면 누구보다 많은 잠재력을 지닌 것과 다름 없으니까요.

게임에서는 막강한 힘을 갖기 위해 아이템을 비싸게 산다고 합니다. 경험은 바로 게임의 아이템과 같은 역할을 합니다. 나를 레벨 업 시켜줄 수 있는 소중한 아이템인 것이죠. 고난도, 부모님 혜택이 없는 흙수저로 태어난 것도 소중한 아이템이죠. 고난 만렙, 흙수저 만렙인 경매 선배로서 당당히 말합니다. 바로 오늘 온 힘을 다해 열심히 살아가세요. 머리부터 발끝까지 성실한 습관을 유지하는 한 언젠가 행운의 여신이 나를 향해 방긋 웃어줄 날이 찾아올 것입니다.

그와 아울러 경매공부를 하시고 꼭 도전해 보시길 바랍니다. 저는 독자분들이 행복하게, 여유롭게 살아가시길 진심으로 원하니까요. 당신의 건승을 기원합니다.

요즘 핫 한
'서울특별시 용산구' 임장

임장을 스미듯이

용산 편

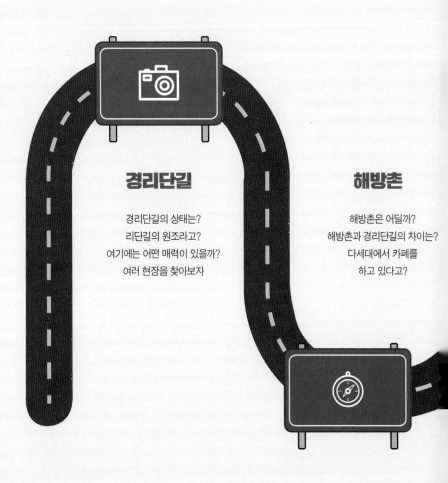

경리단길

경리단길의 상태는?
리단길의 원조라고?
여기에는 어떤 매력이 있을까?
여러 현장을 찾아보자

해방촌

해방촌은 어딜까?
해방촌과 경리단길의 차이는?
다세대에서 카페를
하고 있다고?

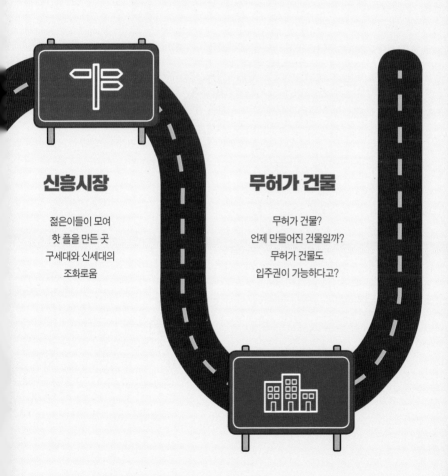

신흥시장

젊은이들이 모여
핫 플을 만든 곳
구세대와 신세대의
조화로움

무허가 건물

무허가 건물?
언제 만들어진 건물일까?
무허가 건물도
입주권이 가능하다고?

용산구

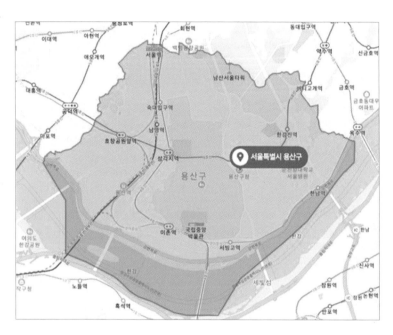

용산구	
인구	22만 명
세대수 / 평균 일자리 수	111,207세대 / 3,371개
평균 평당 가격	5천2백8십6만 원(서울 4위)
지하철 노선	1 / 4 / 6호선, 공항철도, KTX, ITX, 경의중앙선, 경춘선
특징	용산 개발 호재
주요 생활 환경	용산역, 남산, 이태원

용산구의 인구는 22만 명이다. 주택보다는 상업시설이 많아 다른 곳보다 인구가 적은 편이다. 평당 가격은 5천2백8십6만 원으로 서울에서 4위에 해당한다. 또한 8개의 지하철 노선이 있어 교통의 중심으로 불린다. 앞으로 용산은 서울 중 변화가 가장 기대되는 곳으로 문화생활을 즐길 수 있는 스포츠 공간, 박물관, 기념관, 공원 등 여러 공간이 예정 중이다. 국토교통부는 용산공원과 관련하여 현재와 미래가 공유할 수 있는 환경과 가치를 만들고자 한다. 도시를 대표하는 런던의 하이드파크, 뉴욕의 센트럴파크에서는 한국의 한강공원과는 다른 매력을 보여주었다. 이처럼 정부와 국민이 참여하는 열린 공원을 만들어, 국가의 대표적인 공원을 조성한다는 계획이다.

이태원(경리단길)

이태원동	
인구	15,992명
세대수 / 평균 일자리 수	3,061개
평균 평당 가격	4천6백만 원(용산구 10위)

이태원동은 인구 수가 대략 1만5천 명 정도로 용산구에서 4위이며, 평균 평당 가격은 4천6백만 원으로 용산구에서 10위에 해당한다. 이태원에

는 '리단길' 시리즈의 원조인 경리단길이 있다. 이태원을 걷다 보면 한국인보다 더 많은 외국인들을 볼 수 있고, 영어가 더 많이 들린다. 서울에서 외국 감성을 느끼고 싶다면 이태원, 경리단길로 가면 된다. 한국인보다 외국인이 더 자주 가는 외국 맛집도 갈 수 있고, 외국의 문화를 느낄 수 있는 가게도 많다.

경리단길은 이태원 상권의 고가 임대료를 피해 경리단 상권으로 넘어와 상권 초반을 주도하며 카페와 음식점들로 빠르게 채워졌다. 2014~2016년에 가장 활성화되어 있었고, 카페와 음식점들의 진입이 가속화 되면서 연예인들의 투자가 증가했다. 주택은 상가로 변화했고, 매매가가 상승하면서 임대료 또한 같이 상승했다.

하지만 임대료 인상에 의한 젠트리피케이션을 피해 갈 수 없었고, 결국 경리단길의 상권은 침체하게 되었다. 가게들은 옆 동네로 넘어가 골목 사이 사이에 주택을 개조하여 영업을 하고 있다.

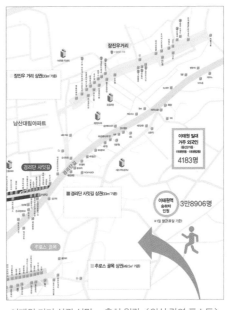

이태원 거리 상권 설명   출처 월간 〈외식 경영 포스트〉

용산동2가(해방촌)

용산동 2가	
인구	9,731명
세대수 / 평균 일자리 수	2,978개
평균 평당 가격	3천1백만 원(용산구 22위)

　해방촌이 있는 용산동 2가 구역이다. 인구는 9천7백 명 정도로 용산구에서 7위에 해당한다. 일자리는 2,900개 정도가 있으며 이태원과 비슷한

일자리를 보유하고 있다. 평균 평당 가격은 3천1백만 원으로 용산구에서 22위이다. 해방촌의 용도지역을 보면 이태원동과 인접한 일부 지역과 한신아파트 라인은 2종일반주거지역이고, 해방촌은 대부분 1종일반주거지역이다. 그러다 보니 해방촌 구역은 건폐율 60%, 용적률 150%가 적용되어, 최고고도지구로 건축물 높이 제한이 12미터 이하로 제한되고 있다.

해방촌은 언덕 지형이 많은 편이다. 건물의 형태는 대부분 단독 다가구 주택의 비중이 높다. 다세대 빌라는 해방촌 전체를 용산공원 내 분양권을 준다던 소문이 사실처럼 돌아다닐 때 신축 붐이 일어났지만, 최고고도지구 12미터 이하로 제한되어 있어 건축업자의 사업성 확보가 어렵다는 등 여러 가지 이유로 인해 점점 신축빌라를 보기 어려워졌다.

해당 미션을 받았다는 가정 하에 어떤 방법으로 임장하고 조사할지 고민해 보자.

연습문제 1

MISSION1 경리단길

문화유산 서점 - 경리단길 표지 - 도르래 - 공사현장 - 건물

1 문화유산 서점에서 출발
2 경리단길 표지 앞에서 단체사진 찍기
3 (보너스) 도르래를 찾으시오.
4 사진에 있는 공사현장의 이전과 이후의 진행 상황을 조사하시오.
5 〈어쩌다 사장〉 중 키 큰 남자의 건물을 조사하시오.

1. 문화유산 서점에서 출발

'문화유산 서점'은 서울에서 가장 오래된 외국 책 헌책방이다. 서울미래
유산이며 아직 문화재로 등록되지 않은 서울의 근·현대 문화유산 중에
서 미래세대에게 전달할 만한 가치가 있는 유·무형의 모든 것으로 서울
사람들이 근·현대를 살아오면서 함께 만들어온 공통의 기억 또는 감성으
로 전할 가치가 있는 것에 선정되어 있다. 1973년부터 헌책방을 시작했고
1975년부터 지금까지 한자리에서 운영 중이다. 보유 서적은 대략 10만 권
정도이다. 처음 미국 용산 기지 쓰레기장에서 버려진 미국 원서 책들과
잡지들을 모아 팔기 시작했다. 주요 고객은 외국인, 학생, 인테리어 업자,
희귀 책 수집과 영어교육에 관심이 많은 학부모들이다.

외국 책 헌책방 〈문화유산 서점〉 모습

2. 경리단길 표지 앞에서 사진 찍기

'경리단길'은 국군재정관리단과 정문으로부터 그랜드 하얏트 호텔 방향
으로 이어지는 주변 길과 주변 골목길을 통칭하며, 과거 육군중앙경리단
이 현 위치에 있어 경리단길이라 불린다. 경리단길은 개성 있는 식당, 카
페와 다양하고 독특한 먹거리가 유명한 문화와 젊음의 공간이었다.

하지만 현재의 경리단길은 젠트리피케이션 상태이다. 임대료가 감소하
지 않아 기존 상인들은 자리를 옮겼고, 대형자본이 상권에 들어오게 되는
젠트리피케이션의 형태를 보여주고 있다. 상가보다는 주택이 주를 이루
고 있어 슈퍼마켓, 철물점, 식당 등 거주자들을 위한 기본적인 상권이 대
부분이다. 코로나19 장기화 및 임대료 상승으로 인해 상권은 붕괴하였고,
예전처럼 젊은 층을 유입할 만한 이국적인 매력 포인트를 잃어버렸다. 서
울시 우리 마을가게 상권 분석 시스템에 따르면, 경리단길의 점포 수는 급
감했다고 한다. 2019년 4분기까지만 해도 194개였던 점포는 2020년 4분기
183개로 감소하더니 지난해 4분기에는 180개로 줄었다. 이로써 경리단길

경리단길 설명과 다소 한산해진 거리 전경

이 핫 했던 2016년, 점포 수가 200개 이상이었던 것을 기준으로 현재까지도 나날이 줄어드는 추세이다. 현재는 메인으로 알려진 경리단길보다 해당 표지가 있는 인근의 골목길 상권이 활성화되어 있다.

3.보너스 - 도르래를 찾아라!

임장을 하면서 넓은 시야로 보고 다니는 것은 매우 중요하다. 이를 테스트할 수 있는 문제가 도르래 미션이었다. 경리단길에 진입하면 도르래를 설치한 상가를 볼 수 있다. 철물점을 운영 중인 사장님이 물건을 옥상으로 옮기기 위해 설치한 도르래는 가게의 시그니처가 되었다.

철물점에 설치된 도드래의 모습

4. 사진에 있는 공사현장의 이전과 이후의 진행상황을 조사하시오

임장 후 공사 현장 이전과 이후의 진행상황을 조사해 보면, 이곳은 현재 1,2종근린생활시설로 건축을 진행 중이다. 2종주거지역으로 건폐율은 60% 이내인 59.67%, 용적률은 150% 이상 250% 이하이므로 196.06%로 건축 예정이다. 해당 건축물은 2022년 7월 준공 예정인 신축 꼬마빌딩이었고, 매물로 나와 있는 상태였다.

하지만 소유하고 있던 건물주가 돌아가신 후 자녀들에게 상속되었고, 34억 원에 매물이 나왔으나 거래가 되지 않아 자녀들이 의논한 결과 신축공사 후 매도 예정이다.

신축이 완성되면 올 근생 건물로 매매가 45억 원이며, 매입하게 된다면 임대료만으로는 답이 없는 건물이라 매매 후 직접 운영을 해야 수익을 얻을 수 있다.

초 메인 길 신축 꼬마빌딩
- 2022년 7월 말 준공 예정인 신축 꼬마 빌딩
- 경리단길 초 메인에 위치. 올 근생이며 엘리베이터 있음
- 1~4층 건물이며, 주차 공식 2대, 비공식 포함 총 4대
- 주위 가격 시세 대비 좋은 매물로 투자성 최상
- 금액 절충 가능
- 전속 매물

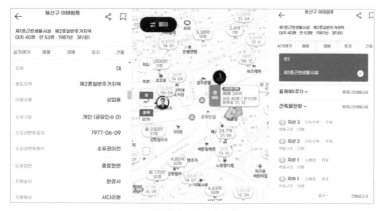

이태원 지역 건물가 현황

5. 예능 프로그램 〈어쩌다 사장〉 중 키 큰 남자의 건물을 조사하시오

2012년에 30억5천만 원에 해당 건물을 매입했고, 경리단길의 가치 상승과 조망 프리미엄이 붙어 2018년 기준 시세 70억 원이 호가였다. 해당 건물은 2003년 주택 및 근생에서 근생으로 용도 변경했다. 2종일반주거 지역에 자리 잡고 있고, 카페로 운영 중이다. 현재 토지 추정가는 74억1천만

조인성 소유의 경리단길 건물 전경

원, 토지면적 82평, 건물 연면적 120평 노후 연도는 45년이다. 2022년 개별 공시지가는 1천4백2십만 원이다.

건물을 매입할 당시 크게 수익성이 보이지 않는 매물이라고 전문가들은 말했다. 경리단길이 핫 플(인기 지역)로 유명해지기 전, 가파른 언덕에 있어 상권이 형성되기 어렵고 역과 멀다는 이유였다. 부동산의 미래가치를 보고 매입한 후 1층만 리모델링하여 내부를 인테리어한 방식은 상대적으로 저렴한 비용으로 최대 효과를 얻을 수 있었다. 또한 루프탑에서는 남산과 해방촌 전체의 뷰를 볼 수 있어 뷰 값까지 확보했다.

남산과 해방촌 전경이 보이는 루프탑

MISSION2 해방촌

108 계단 - 2018타경 54780 - 자코비 버거 - 풀리쉬랩 - 버터북 - DH
- 용산 2가 동주민센터

1 108계단 엘리베이터 이용

2 2018 타경 54780 물건을 조사하시오.

3 자코비 버거 건물을 조사하시오.

4 풀리쉬랩 앞에서 사진 찍기

5 버터북 건물 용도를 조사하시오.

6 DH 건물 비포&애프터 조사하시오.

경리단길의 미션이 끝났다면 다음 미션 장소는 '해방촌'이다. 남산 남쪽에 위치한 해방촌은 남산 접근성이 뛰어나며 용산공원이 조성되었을 경우 용산구에서 용산공원과 가장 가까운 곳이 되어 투자자들에게 꾸준히 관심받고 있는 동네이다. 해방촌 상권의 강점은 미군부대 게이트가 있어 이들의 배후 주거지역과 소비지역 역할을 하고 있다. 이와 함께 남산으로 이어지는 뷰라인과 최근 몇 년 사이 골목길 상권으로 인기를 끌고 있다. 신축 건물보다는 골목길 사이에 오래된 건물을 개조해 입점한 가게들과 특색 있는 매력으로 형성된 상권은 젊은이들의 핫 플이 되었다. 녹사평역 2번 출구와 가까이 있는 접근성 또한 장점이다. 지형이 언덕이라 걸어 다니기 힘들지만 곳곳에 있는 상가를 찾아 많은 사람들이 오는 동네이다.

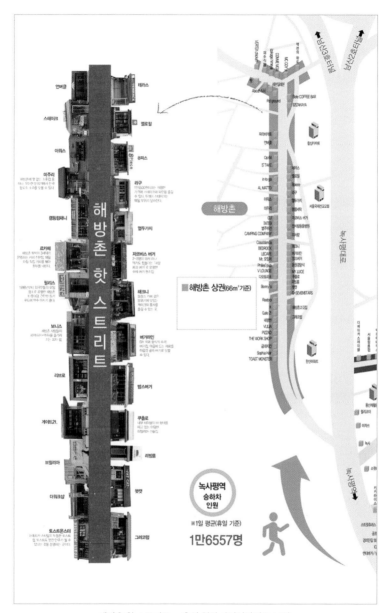

해방촌 핫 스트리트   출처 월간 〈외식경영포스트〉

1. 108계단 엘리베이터를 이용하시오

'108계단'은 일제 강점 말기에 건설된 경성 호국 신사의 진입로로 사용하기 위해 만들어진 계단이다. 경성호국 신사는 '전사한 군인들을 호국의 명령으로 추모한다'는 명목하에 한국인들의 재산과 노동력이 동원되어 1943년 11월에 완공되었다. 해방 후 해외에서 귀환하거나 월남한 동포들이 정착하면서 해방촌이 형성되었고, 그 후 주거시설이 체계적으로 구비되어 지금의 모습을 갖추는 과정에서 경성 호국 신사는 해체되고 아래의 사진 속 계단만 남게 되었다. 현재 노약자와 장애인 등 보행권 확보를 위해 경사형 엘리베이터가 설치되어 있다. 용산구는 해방촌 흔적 여행길 조성을 위해 108계단, 신흥시장, 남산을 잇는 해방촌의 역사를 되새길 수 있도록 기획했다.

해방촌의 상징물이 된 108계단과 경사형 엘리베이터

2. 2018타경 54780 물건을 조사하시오

소 재 지					
경매구분	임의경매	채 권 자	대○○○		
용 도	다세대	채무/소유자	위○○○○○ / 이○○	매 각 기 일	
감 정 가		청 구 액	120,000,000	종 국 결 과	20.06.12 배당종결
최 저 가		토지면적	20.5㎡ (6.2평)	경매개시일	18.12.26
입찰보증금		건 물 면 적	26㎡ (8.0평)	배당종기일	19.03.14
조 회 수	·금일조회 1 (0) ·금회차공고후조회 135 (55) ·누적조회 1,200 (161) ·7일내 3일이상 열람자 12 ·14일내 6일이상 열람자 8			()는 5분이상 열람 조회통계 (기준일-2020-04-21/전국연회원전용)	

임의경매로 진행된 2018타경 54780은 2020년 5월에 경매로 매각 후 등기 권자가 2020년 12월에 2억3천만 원에 매각했다. 낙찰가는 2억2천6백만 원이었고, 취·등록세를 감안해 보면 소득 없이 매매된 물건이다. 해당 매물의 경우 전·월세 거래 내역이 없고, 현재는 세금 체납으로 압류가 걸려있는 상황이다. 2021년 12월에 7평 원룸이 2억1천만 원에 매매되었고, 2020년 12월에 9평 원룸이 2억2천만 원에 전세를 놓았다. 인근 비슷한 물건의 2022년 6월 현재, 실거래가를 보면 매매 2억8천~2억9천만 원이다. 해당 물건은 용산공원을 도보로 이용 가능하며, 용산공원 주변 정비구역에 포함된다.

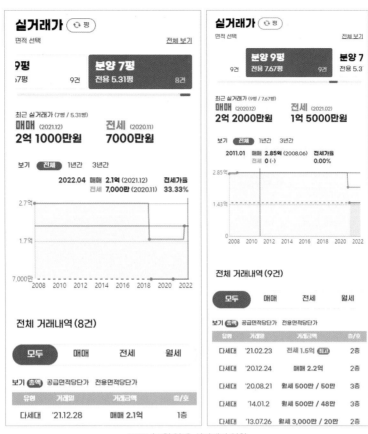

2022년 6월 현재, 실거래가 현황

3. 자코비 버거를 조사하시오

자코비 버거 앞 전경과 내장파괴 버거 이미지

해방촌에는 상권이 어려웠을 때에도 줄 서서 먹어야 하는 햄버거 노포집이 있다. 해방촌의 터줏대감인 '자코비 버거'는 내장파괴 버거로 유명하다. SNS에서는 해당 관련 게시물 피드가 자주 올라오며 이태원/해방촌/경리단길 맛집을 검색하면 상위에 등장한다. 각종 수제버거, 햄버거 맛집이 많지만 자코비 버거는 고전 이태원의 수제버거 집으로 수제버거 1세대의 자존심을 지켜오고 있는 곳이다. 햄버거는 취향대로 주문해서 먹을 수 있고, 채식주의자를 위한 메뉴도 있다. 시그니처 메뉴인 내장파괴 버거는 두 손으로 잡고 먹는 게 아니라 썰어서 먹어야 한다. 배달을 애용하는 요즘 자코비 버거에서는 배달이 안되는 메뉴가 있기 때문에 사람들을 찾아오게 만들어 매장을 활성화시키고 있다.

4. 풀리쉬랩 앞에서 사진찍기

해방촌 골목을 오르다 보면 눈에 띄는 집이 보인다. 아래의 사진은 주택을 개조해서 어떤 가게를 운영하는 것인지 궁금증을 유발한다. 사진 속 가게인 '풀리쉬랩'은 플로리스트가 운영 중인 플라워 카페다. 플라워 카페인 만큼 꽃도 구매가 가능하다. 층마다 다른 콘셉트로 운영 중이며, 1층은 앤티크, 2층은 천장까지 꽃이 보이는 플랜테리어로 사람들의 감성을 자극하는 인테리어다. 2층은 통창으로 되어있어 해방촌 거리의 전경을 감상할 수 있다. 2018년도에 15억 원으로 단독주택을 매입하여, 1층을 근린생활시설로 용도변경하였다. 1층을 비롯한 지층과 2층, 루프탑까지 카페로 운영 중인데 2층은 용도변경이 되어있지 않다.

풀리쉬랩 건물 전경 및 건축물 대장

5. 버터북 건물 용도를 조사하시오

해방촌 골목길 안쪽에 노란색이 보인다. 빨간 벽돌로 이루어진 주택가 사이 유일하게 노란 버터 색상의 가게가 있다. 이 건물 일층에는 '버터북'이라는 도넛 카페가 입점해 있다. 건물을 보면 다세대 빌라 일층에 카페가 들어와 있는 모습이다. 요즘 카페들은 주로 다가구 다세대 단독주택을 매입 후 근생으로 용도변경하여 운영한다.

여기서 용도변경이란 사용승인을 받은 건축물의 용도를 필요에 의해 다른 용도로 변경하는 행위를 말한다. 모든 건축물은 구조와 이용 목적

건축물 대장

신축년도	1987년 12월 31일	연면적	328.6(m²) ⟳단위
건폐율	-	용적률	
주용도	공동주택	주구조	철근콘크리트구조
지붕	(철근)콘크리트	규모	지상3/지하1
주차장		승강기	

호별정보 자세히 보기 ∧

지상	1층가호	점포	41.08m²	닫기
	전용률		100%	
	전유	점포	41.08m²	
지상	1층나호	주택(1세대)	41.07m²	닫기
	전용률		100%	
	전유	주택(1세대)	41.07m²	
지상	2층가호	주택(1세대)	41.08m²	자세히
지상	2층나호	주택(1세대)	41.07m²	자세히
지상	3층가호	주택(1세대)	41.08m²	자세히
지상	3층나호	주택(1세대)	41.07m²	자세히
지하	지층가호	주택(1세대)	41.08m²	자세히
지하	지층나호	주택(1세대)	41.07m²	자세히

버터북 건물 건축물 대장

등으로 분류를 하여 용도에 맞게 건축기준의 적용을 받는다. 물론 원한다고 다 변경이 가능한 것은 아니다. 변경을 원한다면 건축법에 맞는지 찾아야 하고 지자체에 승인을 받아야 한다. 하지만 제1종 근린생활시설과 제2종 근린생활시설은 서로 특별한 절차 없이도 임의변경이 가능하다.

해당 건물을 조사해 보면 1층만 점포로 용도변경이 되어있다. 원래는 모든 층이 다세대였고, 주택으로 사용하던 건물이다. 1층은 도로와 인접해 있어 출입구를 만든다면 가게로 사용하기 좋은 건물이었다. 해방촌 10평에서 시작된 버터북은 부산, 수원 등 지점을 내고 유명세를 치르고 있다. 이로써 주택을 리모델링 하여 성공을 한 해방촌의 대표 가게 중 하나로 보인다.

왜 많은 사람들은 근린생활시설로 용도변경을 하는 것일까? 그 이유는 대부분 세금 때문이다. 단독주택을 계약하고 잔금을 치르기 전에 건물 용도를 주택에서 상업으로 용도변경 후 잔금을 치르면 주택 수에서 제외가 되어 보유세, 취득세, 중과세를 피할 수 있다. 또한 근린생활시설은 다세대 주택의 면적 규정인 660제곱 미터 제한을 피할 수 있어 더 많은 면적 확보가 가능하다. 주택의 경우 15억 원 이상의 대출이 불가능하지만 근린생활시설로 용도를 변경하면 대출도 가능하다. 하지만 장점만 있는 것이 아니니 용도변경을 생각 중이라면 꼭 신중히 고민해 보기 바란다.

6. 매건물의 비포애프터를 조사하시오

'DH 건물'은 단독주택을 사옥으로 탈바꿈한 곳이다. 2019년 단독주택을 9억8천만 원에 매입하여 건축했다. 지하 1층부터 3층의 건물이고, 지하는 1종근린생활시설 1층부터는 2종근린생활시설로 되어있다. 여러 프랜차이즈를 사업하는 회사의 건물이며, 5월 말 경에는 루프탑에 카페를 오픈 예정 중이다. 카페 안 넓은 뷰를 확보함으로써 고객을 건물에 머물게 하는 마케팅이다.

DH 건물의 리모델링 전, 후

MISSION3 해방촌

신흥시장 - 〈이태원 클라쓰〉 정엽 건물 - 건물 찾기 - 〈힘쎈 여자 도봉순〉 촬영지 - 후암동 종점

1 해방촌 신흥시장을 돌고, 기억에 남는 가게 조사하기

2 〈이태원 클라쓰〉 촬영지로 알려진 정엽 건물 찾기

3 사진에 있는 건물의 건폐율 및 현황 조사하기

　　(+주변 주택 대지 현황 조사)

4 〈힘쎈 여자 도봉순〉 촬영지 카페 앞에서 사진 찍기

5 후암동 종점

1. 해방촌 신흥시장을 돌고, 기억에 남는 가게 조사하기

신흥시장은 1968년도에 처음 문을 열었다. 처음에는 전통시장으로 이용하다 점차 시장에 오는 사람들이 적어졌다. 문제점을 보완해 시대에 맞춰

구옥의 느낌을 살린 가게의 외관

젊은 아티스트들의 공방과 카페, 음식점 등 여러 업종이 자리 잡았다. 예전 모습 그대로 다가구 다세대주택 구옥의 느낌을 살리면서도 20-30대의 감각과 접목한 가게들을 볼 수 있다. 젊은 층이 신흥시장에 자리 잡을 수 있던 큰 이유 중 하나는 경리단길에서 심하게 보였던 젠트리피케이션 현상(낙후됐던 구도심이 번성해 중산층 이상의 사람들이 몰리면서, 임대료가 오르고 원주민이 내몰리는 현상)을 잡기 위해 서울시와 임대인들 사이에서 협약을 맺고 노력하였기 때문이다. 6년간 임대료를 동결한 신흥시장의 상생협약으로 인해 신흥시장 상권이 활성화되었다. 예전의 스웨터공장을 콘셉트에 맞춰 실타래 모양으로 살린 카페나 전통시장의 느낌을 살린 추억의 오락실도 보인다. 신세대와 구세대가 공존해도 어색하지 않은 매력적인 곳이다.

2. 〈이태원 클라쓰〉 촬영지로 알려진 정엽 건물 찾기

가수 정엽이 소유했던 건물이며 〈이태원 클라쓰〉 촬영지로 유명한 건물이다. 2015년 8억 원에 매입했고, 대지면적 25평 / 연면적 59평 / 제1종주

〈이태원 클라쓰〉 촬영지로 유명한 건물 앞

거지역에 있는 지상 3층 규모의 건물이다. 제1종일반주거지역에 위치해 있어 법정 건폐율이 60%인 것에 비해 본 건물은 94.84%의 건폐율을 갖고 있다. 또한 법정 용적률이 150%이지만 해당 건물은 235.13% 적용을 받았다. 용적률의 경우 무려 85.13%, 즉 1개 층의 이득을 본 셈이다. 이것이 가능했던 이유는 용적률 상한 제도가 생기기 이전인 1985년에 건축되어 이득을 볼 수 있었던 것이다. 매입 후 직접 카페를 운영하다 2019년 22억 원에 매각했다. 리모델링 비용을 더해도 약 2배 이상의 차익을 남긴 것으로 보인다.

정엽은 건물의 옥상을 보고 반해서 소유주에게 매도를 요청했고 결국 소유주는 정엽에게 넘겨주었다. 1985년에 지어져 30년이 넘은 허름한 주택이었지만 해방촌 꼭대기에 있어 이태원과 후암동을 내려다보는 뷰를 얻을 수 있는 건물이다. 루프탑의 매력이 확산되어 주변 주택들도 해당 건물처럼 용도 변경과 리모델링을 통해 카페 및 음식점으로 변신했다. 지하철 역과 거리도 멀고 오는 길은 언덕이라 접근성이 떨어지지만 루프탑의 매력만으로도 많은 사람이 찾아오는 건물로 만들었다.

3. 사진에 있는 건물의 건폐율 및 현황 조사하기

옆 페이지 사진 속 건물은 국유지 위에 지어진 무허가 건축물이다. 등기부등본상 건물에 대한 등기가 없고, 건축물대장도 존재하지 않는다. 허름한 가옥을 2017년 6월에 개축하여 현재 사용 중이다. 이곳은 국유지이므로 나라에 대부료를 납부하고 있다. 이러한 무허가 건물은 주택에 속하

2014년 12월	2017년 6월 개축	2022년 (현재 모습)

지 않기 때문에 다주택자 취득세율이 중과되지 않는다는 장점이 있다. 또한 국가, 시 군구에서 저렴하게 땅을 구입할 수 있고, 무허가 건축물대장으로 관리하고 있어 매매가 자유롭고 구청에서 소유권 이전도 합법적으로 가능하다. 현재 후암동은 신축을 지을 수 있는 건물의 경우 평당 4천만 원, 무허가 건물의 경우 평당 2천만 원 전후의 가격대를 형성하고 있다.

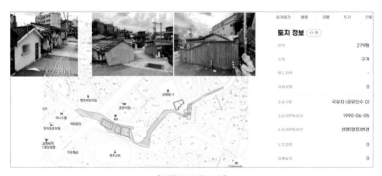

후암동 토지 정보 내용

해당 건물 주변의 노후화된 주택들도 대부분 국유지에 지어진 무허가 건물들이다. 지난날 일본 군대의 연병장이었던 자리는 넓은 국유지였기에 이곳에는 한국전쟁 전부터 피난민이 조금씩 모여들어 무허가 건물을 짓고 살게 되었다. 8.15 광복 후에 생긴 마을이라 '해방촌'이라는 이름으로 불렸고 지금의 용산 2가동이다. 1940년대 후반 이 일대에 무허가촌이 형성되기 시작하면서 지금의 모습이 보이기 시작했다. 구릉지 정상에 집을 마련한 사람들은 도심으로 가기 위해 길을 따라 중심 상업 시설인 신흥시장이 만들어졌고, 비교적 안정적으로 주거지의 모습을 갖추게 되었다. 1960년 대부터 1990년대까지 현지 개량 방식에 의한 재개발이 지속해서 이루어지면서 해방촌 일대 절반의 주거 기능이 강화되었다. 이후에는 도로포장, 기반 설치 등 정비가 이루어졌다.

해방촌은 지금까지 오랜 기간 각종 개발에서 제외되어 여전히 노후한 주택과 폐가처럼 보이는 집들을 많이 볼 수 있다. 무허가 건물이 있는 곳이 재개발하게 된다면 일명 뚜껑 건물로 입주권도 얻을 수 있다. 뚜껑 건물이란 '땅에 대한 지분이 없는 것'을 말한다. 도로나 무허가 건물의 경우는 비교적 적은 투자금으로 입주권을 얻을 수 있다는 장점으로 많은 사람들의 관심을 받지만 구하기 어렵다. 또한 무허가 건물은 자녀 증여용으로도 사용 가능하고 법인이라면 종부세 제외가 가능해 법인 투자도 가능하다. 하지만 저렴하다는 장점만 보고 투자할 경우 조건과 권리관계에 맞지 않아 투자금을 날릴 수 있으니 반드시 무허가 건물 확인원이 있는지 점검하고, 그 인정 기준이 시, 도마다 다르므로 유의한다.

용산구 능력고사

성 명: _____ 점 수: _____

Q1 다음 중 용산구에 해당하는 지하철 노선이 아닌 것은?

① 1호선
② 7호선
③ KTX
④ 4호선

Q2 해방촌이 있는 곳의 명칭은?

① 용산2가
② 이태원동
③ 용산2가 길
④ 용산동2가

Q3 임장 동네 중 다음 용어의 현상이 나타난 곳은?

젠트리피케이션

① 송리단길
② 망리단길
③ 경리단길
④ 가로수길

Q4 다음 대화의 답은 무엇인가?

이것은 경성호국신사의 진입로로 사용하기 위해 만들어졌어

아~ [   ]를 말하는구나.

Q5 다세대, 다가구, 주택의 경우 이것을 통해 카페 및 식당으로 영업할 수 있다.

① 건축허가
② 인테리어
③ 리모델링
④ 용도변경

Q6 국유지에 있는 무허가 건축물의 경우 입주권을 얻을 수 있다

O	X

Q7 다음 중 용산 개발 호재가 아닌 것은?

① 용산공원
② 대통령 집무실 이전
③ 서울역 ~ 용산역 지하화 사업
④ GTX-C